LanCom
Language & Communication

KB275885

대치동 기적의 **중학영어** 통문장 1800 1단계

발행일	2025년 11월 20일 1쇄 발행

지은이	더 좋은 교육연구소
발행인	손건
편집기획	김상배, 장수경
마케팅	최관호, 김재명
디자인	보스코
제작	최승용
인쇄	선경프린테크

발행처	랭컴
주소	서울시 영등포구 영등포동 4가 146-5
등록번호	312-2006-00060
도서구입문의	전화 **02-2636-0895** 팩스 **02-2636-0896**

ⓒ랭컴 2025
ISBN　　　979-11-7142-095-7　13740

국제학교 학생들만큼 영어를 잘하게 만들어주는, 세상에 없던 대한민국 유일의 주니어용 스피킹 & 리스닝 미드 교재

대치동, 기적의 **중학영어**

통문장 1800

살아있는 미드와 애니메이션과 영화를 통해
하루 40문장씩, 진짜 듣고, 말하고, 읽고, 쓰게 만들어
국제학교 학생들만큼 영어를 잘하게 해주는
가장 확실하고, 놀라운 실력향상 프로그램

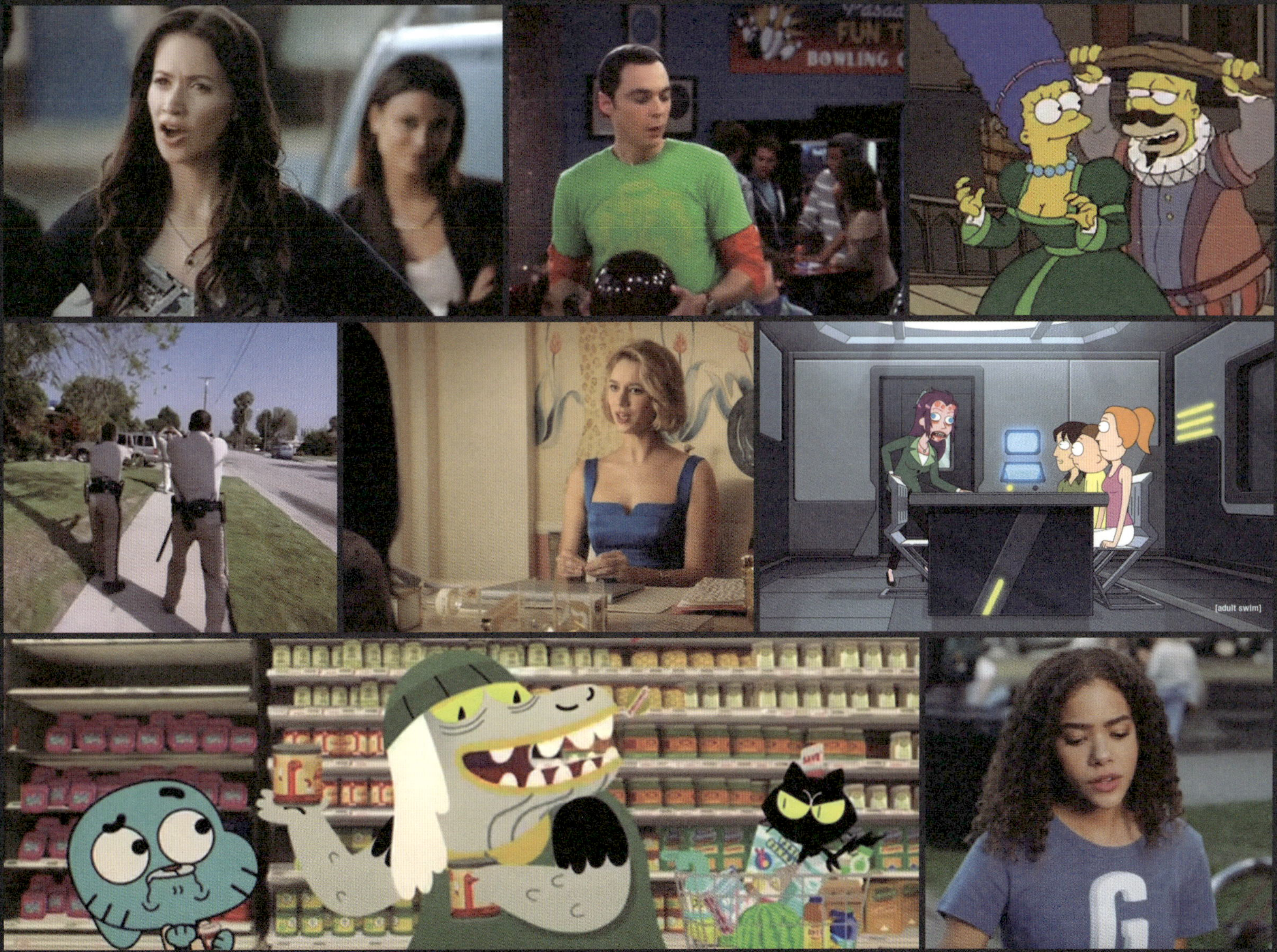

AI 학습자료와 인강

**세상에 없던 대한민국 유일의 주니어용
스피킹 & 리스닝 미드 교재**

SENTENCE
LEVEL
1
AGE 7-15

**정말, 놀라운 대치동 기적의 중학영어 3 STEP 반복 훈련법이
적용된 주니어 필수교재!**

LanCom
Language & Communication

국제학교 학생들만큼 영어를 잘하게 만들어 주는, 대치동 기적의 3 STEP 학습법과 훈련법이 적용된
대치동 기적의 속진선행 영재교육 프로그램 안내

대치동 기적의 영재교육 속진선행 PROGRAM

대상 단계	속진선행 영재교육	수월성 선행교육	평준화 현행교육
고등 대기고 3단계 8권	초등 5, 6학년 때 완성	중학 1, 2, 3학년 때 완성	고등 1, 2, 3학년 때 완성
중학 대기중 3단계 8권	초등 3, 4학년 때 완성	초등 4, 5, 6학년 때 완성	중학 1, 2, 3학년 때 완성
초등 대기초 6단계 14권	초등 1, 2학년 때 완성	초등 1, 2, 3학년 때 완성	초등 1, 2, 3, 4, 5, 6학년 때 완성

*대치동 기적의 초등영어, 중학영어, 고등영어 시리즈는 대치동 기적의 속진선행 영재교육 PROGRAM에서 사용하는 핵심 교재입니다.

*대치동 기적의 초등영어, 중학영어, 고등영어 시리즈의 핵심 공부법은 QR 찍고 따라하기 입니다. QR 찍고 따라만 해도 기적이 일어납니다!

*대치동 기적의 초등영어, 중학영어, 고등영어의 내용은 인생에서 언젠가 한 번은 완성해야 할 피할 수 없는 영어 학습의 필수 과정입니다. 따라서 최대한 어린 시기에 빨리 완성해야 합니다. 부모가 아이의 언어학습을 미루면 결국 아이는 언어습득을 포기하게 되거나 늦은 시기에 시작한 대가를 치르게 될 뿐 이로운 점은 하나도 없습니다.

대치동 기적의 초등영어 LEVEL CHART

Book Level	대기초 영단어 1800	대기초 통문장 1800	내용
총정리 워크북			국제학교 학생들만큼 영어를 잘하게 만들어 주는 대치동 기적의 초등영어 커리큘럼은 총정리 워크북을 포함해 전체 14권 6단계로 구성되어 있습니다. 먼저 대기초 영단어 1단계와 대기초 통문장 1단계를 한 달에 끝내세요. 한 달에 2권씩 6개월 안에 6단계의 대기초 시리즈를 끝냅니다. 이후 바로 대치동 기적의 중학영어 커리큘럼을 순서대로 공부해 나가면 됩니다.
6단계			
5단계			
4단계			
3단계			
2단계			
1단계			

*대치동 기적의 초등영어는 만4세에서 만12세 사이의 학습자를 위한 교재입니다.

**국제학교 학생들만큼 영어를 잘하게 만들어 주는, 대치동 기적의 3 STEP 학습법과 훈련법이 적용된
대치동 기적의 초등영어, 중학영어, 고등영어 시리즈 안내**

대치동 기적의 중학영어
LEVEL CHART

Book Level	대기중 영단어 1800	대기중 통문장 1800	내용
총정리 워크북			대치동 기적의 중학영어 커리큘럼은 총정리 워크북을 포함해 전체 8권 3단계로 구성되어 있습니다.
3단계			먼저 대기중 영단어 1단계와 대기중 통문장 1단계를 한 달에 끝내세요, 한 달에 2권씩 3개월 안에 3단계의 대기중 시리즈를 끝내고 대치동 기적의 고등영어 커리큘럼을 순서대로 공부해 나가면 됩니다.
2단계			
1단계			

*국제학교 학생들의 수준이 되기 위해서는 대기중 공부 시기에 사이먼 미국교과서 100에서 900까지를 병행해 완성해야 합니다!

*대치동 기적의 중학영어는 만7세에서 만15세 사이의 학습자를 위한 교재입니다.

대치동 기적의 고등영어
LEVEL CHART

Book Level	대기고 영단어 1800	대기고 통문장 1800	내용
총정리 워크북			대치동 기적의 고등영어 커리큘럼은 총정리 워크북을 포함해 전체 8권 3단계로 구성되어 있습니다.
3단계			먼저 대기고 영단어 1단계와 대기고 통문장 1단계를 한 달에 끝내세요, 한 달에 2권씩 3개월 안에 3단계의 대기고 시리즈를 끝내고 본격적인 수능영어 모의고사 문제 풀이를 시작하면 됩니다.
2단계			
1단계			

*국제학교 학생들의 수준이 되기 위해서는 대기고 공부 시기에 사이먼 미국교과서 1000에서 1800까지를 병행해 완성해야 합니다!

*대치동 기적의 고등영어는 만10세에서 만18세 사이의 학습자를 위한 교재입니다.

미국 영국 캐나다 호주 독일 프랑스 이탈리아 일본 인도 학생들이 공부하는 세계 최고의 주니어 영어교육 프로그램
사이먼 미국교과서 시리즈 안내

Dr. Simon's Magic English Series
LEVEL CHART

Book Level	Subject			USA Grade in School	Typical Age
1800 1700 1600			Technology Series	Grade 6 (Non-native Grade 8-9) 대치동 기준 중학 2, 3학년부터	
1500 1400 1300			Social Science Series	Grade 5 (Non-native Grade 7-8) 대치동 기준 중학 1, 2학년부터	Age 10-12 (Non-native Age 13-15)
1200 1100 1000			Science Series	Grade 4 (Non-native Grade 6-7) 대치동 기준 초중 6, 1학년부터	
900 800 700			History Series	Grade 3 (Non-native Grade 5-6) 대치동 기준 초등 5, 6학년부터	
600 500 400			Biography Series	Grade 2 (Non-native Grade 4-5) 대치동 기준 초등 4, 5학년부터	Age 7-9 (Non-native Age 10-12)
300 200 100			Literature Series	Grade 1 (Non-native Grade 3-4) 대치동 기준 초등 3, 4학년부터	

***CORRELATED TO USA CURRENT STATE STANDARDS**

*시리즈 전체 **18권**을 끝내게 되면 **TOEFL READING**과 **LISTENING** 섹션의 만점과
대한민국 수능영어 절대 **1**등급의 영어실력 달성이 가능합니다.

VOCA 100-900		**VOCABULARY BOOK 100-900** 사이먼 미국교과서 **100**에서 **900**까지의 어휘를 총정리한 영영 사전식 단어장 겸 테스트 북
VOCA 1000-1800		**VOCABULARY BOOK 1000-1800** 사이먼 미국교과서 **1000**에서 **1800**까지의 어휘를 총정리한 영영 사전식 단어장 겸 테스트 북

첨단기술 시리즈

기술적인 문해력 향상과 디지털 시민성 개발, 창의적인 문제 해결능력과 혁신력 발전, 직업적인 진로 방향성 인식과 미래 직업 시장에 대한 이해, 윤리적인 기술의 사용과 기술의 사회적 영향에 대한 이해를 목적으로 하는 시리즈

사회과학 시리즈

사회적인 현상과 인간관계에 대한 이해, 세계 문화의 이해와 다양성 인식, 시민의식과 공동체 참여의식 향상, 현재와 미래 사회 변화에 대한 이해, 분쟁의 해결능력과 비판적 사고능력의 발달을 목적으로 하는 시리즈

과학 시리즈

탐구적인 태도와 호기심 개발, 문제 해결능력과 비판적 사고능력 발달, 과학적 사고와 관련된 기술과 지식 습득, 인간의 신체와 자연과 환경에 대한 이해와 지속 가능성 인식, 미래 직업적 가능성과 **STEM** 분야에 대한 이해를 목적으로 하는 시리즈

역사 시리즈

역사인식과 시대상황의 이해, 문화적인 다양성 인정과 세계 시민성 강화, 과거의 실수로부터 배우는 교훈과 상식 습득, 시간과 사건의 원인·결과 관계 이해, 역사적인 연속성 속에서 자아 정체성 구축을 목적으로 하는 시리즈

인물전기 시리즈

인류를 이끈 위대한 위인들의 소개, 영감을 주는 역사적 롤 모델의 제시, 도덕적 가치와 성찰의 중요성 인식, 인내와 끈기와 근성의 가치 습득, 역사적인 인물들이 인류사회에 끼친 사회적 영향력 이해를 목적으로 하는 시리즈

문학 시리즈

문학적 지식의 향상과 언어 기술의 개발, 인간의 경험과 감정에 대한 이해, 비판적 사고와 분석력 개발, 창의적인 사고와 상상력 발달을 목적으로 하는 시리즈

살아있는 애니메이션과 영화로 진짜 읽고, 쓰고, 듣고, 말하게 만들어
국제학교 학생들만큼 영어를 잘하게 해주는
대치동 기적의 중학영어 통문장 훈련
세상에 없던, 대한민국 유일의 주니어용 스피킹 & 리스닝 미드 교재

DAY
01
30 days

AI 학습자료와 인강 **youpass.co.kr**

STEP 1 | 무조건, **QR** 찍고 미드 듣고 따라 말하기(Speaking)

리얼 스피킹 연습
실제 영화 동영상

오늘 배울 표현을 미리 확인하고 나의 약점을 찾아보는 시간입니다. **5회** 반복 리얼 스피킹 연습 실제 영화 동영상을 보면서 먼저 모르는 표현에 체크를 해 보세요. 이것이 바로 **TV**, 영화, 드라마, 애니메이션 그리고 진짜 살아 있는 현실의 영어를 배울 수 있는 가장 좋은 시작입니다.

- ☐ **Are you alone by any chance?**
- ☐ **(Oh, my...) Are you ashamed of me?**
- ☐ **Are you available?**
- ☐ **Are you aware of this[that/it]?**
- ☐ **Are you coming with me?**
- ☐ **Are you dense?**
- ☐ **Are you expecting someone?**
- ☐ **Are you for real?**
- ☐ **Are you getting married?**
- ☐ **(So, um,) Are you gonna call him?**
- ☐ **Are you guys ready to order?**
- ☐ **Are you hitting on me?**
- ☐ **Are you jealous?**
- ☐ **Are you keeping tabs on me?**
- ☐ **Are you leaving?**
- ☐ **(Wait.) Are you mad at me or something?**
- ☐ **Are you on social media?**
- ☐ **Alright, will you save me a dance for later?**
- ☐ **Are you seeing someone?**
- ☐ **Are you spying on me?**

STEP 2 | **QR** 찍고 **5번** 따라 읽고 **1번** 따라 쓰기(Writing)

5회 반복
학교 표준 영상

읽고 쓰는 능력과 함께 입과 귀도 터주는 대치동 기적의 중학영어 **1800** 통문장입니다. 먼저 **5회** 반복 학교 표준 영상을 틀고 다음 페이지로 넘어가 책을 보면서 **5번씩** 따라 읽기한 후, **1번씩** 따라 쓰세요. 대치동 기적의 중학영어 시리즈 3권에는 **1800**개 대화 세트 총 **3600**개의 통문장이 들어 있습니다.

0001 **Are you alone by any chance?** 혹시 혼자세요?

A: I thought I saw you earlier. Are you alone by any chance?

I thought I saw you earlier. Are you alone by any chance?

B: Yeah, I'm by myself today. What's up?

A: 예전에 어디서 본 것 같은데. 혹시 혼자야?
B: 응, 오늘은 혼자야. 왜?

0002 **(Oh, my...) Are you ashamed of me?** 너 내가 부끄러워?

A: You never introduce me to your friends. Are you ashamed of me?

B: What? What do you mean?

A: 너 친구들한테 나 소개도 안 해주잖아. 나 창피한 거야?
B: 뭐? 무슨 말이야?

0003 **Are you available?** 너 시간돼? 너 시간 있어?

A: Are you available? I need to ask you something.

B: I'm a bit busy right now. Can we talk later?

A: 시간 좀 돼? 물어볼 게 있어.
B: 지금 좀 바쁜데, 나중에 얘기 해도 될까?

0004 **Are you aware of this[that/it]?** 알고 있었어?

A: Are you aware of it? There's been a change in the schedule for tomorrow.

B: No, I wasn't aware of that. Thanks for letting me know!

A: 알고 있어? 내일 일정이 바뀌 었대.
B: 아니, 몰랐어. 알려줘서 고마 워!

0005 **Are you coming with me?** 나랑 같이 갈래? 나랑 함께 할래?

A: **I'm heading to the mall. Are you coming with me?**

B: **Yeah, just give me a minute to grab my jacket.**

A: 나 쇼핑몰 갈 건데, 같이 갈래?
B: 응, 잠깐만. 자켓 좀 챙길게.

0006 **Are you dense?** 꽉 막혔니? 눈치 없니? 바보냐?

A: **I've read the instructions three times, but I still don't get it.**

B: **Are you dense? It's literally step-by-step! Here, let me show you.**

A: 설명서를 세 번이나 읽었는데도 모르겠어.
B: 너 좀 둔한 거 아니야? 진짜 단계별로 나와 있잖아! 자, 내가 보여줄게.

step-by-step은 "체계적인", "단계별로", "순차적으로"의 의미를 가지며 형용사나 부사로 쓰입니다. "It's literally step-by-step!"이라는 표현은 "이건 진짜로 설명이나 절차가 정말 순서대로 잘 정리되어 있잖아!"의 뜻입니다.

0007 **Are you expecting someone?** 누구 더 오기로 한 사람 있어?

A: **You saved a seat next to you. Are you expecting someone?**

B: **Yeah, Sia said she'd join me after lunch.**

A: 옆자리 비워놨네. 누구 올 거야?
B: 응, 시아가 점심 먹고 온다고 했어.

0008 **Are you for real?** 정말 진심인 거야?

A: **I just got front row tickets to Taylor Swift's concert — for free!**

B: **Are you for real? That's insane!**

A: 나 테일러 스위프트 콘서트 앞자리 티켓을 공짜로 받았어!
B: 진짜야? 대~박!

0009 **Are you getting married?** 결혼하세요?

A: I heard the news! Are you getting married? That's so exciting!

B: Yeah, I am! It still feels unreal!

A: 소식 들었어! 결혼하는 거야? 진짜 축하해!
B: 응, 맞아! 아직도 실감이 안 나!

0010 **(So, um,) Are you gonna call him?** 그한테 전화하려고?

A: I really should talk to him.

B: Are you gonna call him now?

A: 그 사람한테 진짜 뭐라 얘기해야겠어.
B: 지금 전화하려고?

0011 **Are you guys ready to order?** 너희들 주문할 준비 됐니?

A: Are you guys ready to order?

B: Yeah, I'll take a Cinnamon Dolce Latte.

A: 주문할 준비 되셨어요?
B: 네, 저는 시나몬 돌체 라떼로 할게요.

0012 **Are you hitting on me?** 나 꼬시는 거야? 나한테 작업 거는 거야?

A: You seem to be flirting. Are you hitting on me?

B: What? No way! I'm just being friendly.

A: 너 좀 들이대는 거 같아. 나한테 작업 거는 거야?
B: 뭐? 말도 안 돼! 그냥 친절하게 구는 거야.

0013 **Are you jealous?** 시기하는 거야? 부러워하는 거야?

A: **You seem upset. Are you jealous? There's no reason for that.**

B: **I'm not jealous! I'm just a little frustrated. That's all.**

A: 너 좀 불편해 보여. 질투하는 거야? 그럴 이유 없잖아.
B: 질투하는 거 아냐! 그냥 좀 답답해서 그래. 그게 다야.

0014 **Are you keeping tabs on me?** 날 감시하는 거야?

A: **I noticed you've been checking in a lot. Are you keeping tabs on me?**

B: **Haha, no! I'm just making sure you're doing okay.**

A: 너 요즘 계속 확인하더라? 나 감시하는 거야?
B: 하하, 아니야! 그냥 너 잘 지내는지 확인하려고.

0015 **Are you leaving?** 지금 떠나는 거야?

A: **Are you leaving? The party's just getting started!**

B: **I know, but I've got an early morning tomorrow.**

A: 가려고? 파티는 이제 막 시작했는데!
B: 나도 아는데, 내일 아침 일찍 일어나야 해서.

0016 **(Wait.) Are you mad at me or something?** 나한테 화난 거야 뭐야?

A: **You've been really quiet. Are you mad at me or something?**

B: **No, not at all. I've just been thinking about something.**

A: 너 너무 조용하잖아. 나한테 화났어?
B: 전혀 아니야. 그냥 생각 좀 하고 있었어.

0017 **Are you on social media?** 너 SNS 하니?

A: How can I follow you? Are you on social media?

B: Yeah, I'm on Instagram and Twitter. I'll send you my handle.

A: 어떻게 널 팔로우하지? SNS 해?
B: 응, 인스타랑 트위터 해. 아이디 보내줄게.

여기서 **my handle**은 **SNS**에서 사용하는 사용자 이름이나 아이디를 뜻합니다. 예를 들어, 인스타그램에서 **@jane_do** 같은 게 바로 **handle**입니다. 우리말로 쉽게 말하면, "내 계정 이름" 정도로 이해하면 됩니다.

0018 **Alright, will you save me a dance for later?** 있다가 나랑 춤 춰줄래?

A: Alright, will you save me a dance for later?

B: Of course. I've been waiting for you to ask.

A: 나중에 춤 한 곡 나랑 춰줄래?
B: 물론이지. 네가 물어보길 기다리고 있었어.

0019 **Are you seeing someone?** 너 연애해?

A: Are you seeing someone? I've noticed you've been spending a lot of time with that person.

B: Yeah, we've been hanging out a lot lately. It's going well!

A: 너 요즘 연애해? 그 사람이랑 자주 다니더라.
B: 응, 요즘 자주 만나. 잘 되고 있어!

0020 **Are you spying on me?** 날 감시하는 거예요?

A: I knew you went to that café today.

B: Wait... Are you spying on me?

A: 너 오늘 그 카페 갔던 거 알아.
B: 잠깐만... 나 몰래 훔쳐본 거야?

MAGIC  대기중, 입이 터지는 더빙(Dubbing)

QR을 찍고 사운드를 무음으로 만들어 소리가 안 들리게 한 상태에서, 영상만 보고 영상에 어울리는 말을 해 보세요! 교재에서 배웠던 대로 하지 않아도 됩니다. 상황에 어울리는 표현을 말하면 됩니다.

리얼 스피킹 연습
실제 영화 동영상

STEP 3 | 도전! 영화보고 받아쓰기(Dictation)

오늘 배운 표현을 확인하고 완전히 나의 것으로 만드는 시간입니다. **5회 반복 리얼 스피킹 연습 실제 영화 동영상**을 활용해 **STEP 3-1**과 **3-2**를 완성하세요.

리얼 스피킹 연습
실제 영화 동영상

STEP 3-1 빈칸에 정확한 표현을 Dictation 하세요.

☐ Are you ___________ by any ____________? 혹시 혼자세요?

☐ (Oh, my...) Are you ___________ of me? 너 내가 부끄러워?

☐ Are you ___________? 너 시간돼? 너 시간 있어?

☐ Are you ___________ of this[that/it]? 알고 있었어?

☐ Are you ___________ with me? 나랑 같이 갈래? 나랑 함께 할래?

☐ Are you ___________? 꽉 막혔니? 눈치 없니? 바보냐?

☐ Are you ___________ ____________? 누구 더 오기로 한 사람 있어?

☐ Are you for ___________? 정말 진심인 거야?

☐ Are you ___________ ___________? 결혼하세요?

☐ (So, um,) Are you ___________ ___________ him? 그한테 전화하려고?

☐ Are you guys ___________ to ___________? 너희들 주문할 준비 됐니?

☐ Are you ___________ on me? 나 꼬시는 거야? 나한테 작업 거는 거야?

☐ Are you ___________? 시기하는 거야? 부러워하는 거야?

☐ Are you ___________ ___________ on me? 날 감시하는 거야?

☐ Are you ___________? 지금 떠나는 거야?

☐ (Wait.) Are you ___________ at me or ___________? 나한테 화난 거야 뭐야?

☐ Are you on ___________ ___________? 너 **SNS** 하니?

☐ Alright, will you ___________ me a ___________ for later? 있다가 나랑 춤 춰줄래?

☐ Are you ___________ ___________? 너 연애해?

☐ Are you ___________ on me? 날 감시하는 거예요?

STEP 3-2 빈칸에 다음 통문장의 의미를 한국어로 쓰세요.

- ☐ Are you alone by any chance? _______________

- ☐ (Oh, my...) Are you ashamed of me? _______________

- ☐ Are you available? _______________

- ☐ Are you aware of this[that/it]? _______________

- ☐ Are you coming with me? _______________

- ☐ Are you dense? _______________

- ☐ Are you expecting someone? _______________

- ☐ Are you for real? _______________

- ☐ Are you getting married? _______________

- ☐ (So, um,) Are you gonna call him? _______________

- ☐ Are you guys ready to order? _______________

- ☐ Are you hitting on me? _______________

- ☐ Are you jealous? _______________

- ☐ Are you keeping tabs on me? _______________

- ☐ Are you leaving? _______________

- ☐ (Wait.) Are you mad at me or something? _______________

- ☐ Are you on social media? _______________

- ☐ Alright, will you save me a dance for later? _______________

- ☐ Are you seeing someone? _______________

- ☐ Are you spying on me? _______________

살아있는 애니메이션과 영화로 진짜 읽고, 쓰고, 듣고, 말하게 만들어
국제학교 학생들만큼 영어를 잘하게 해주는
대치동 기적의 중학영어 통문장 훈련
세상에 없던, 대한민국 유일의 주니어용 스피킹 & 리스닝 미드 교재

AI 학습자료와 인강 **youpass.co.kr**

STEP 1 | 무조건, **QR** 찍고 미드 듣고 따라 말하기(Speaking)

오늘 배울 표현을 미리 확인하고 나의 약점을 찾아보는 시간입니다. **5회** 반복 리얼 스피킹 연습 실제 영화 동영상을 보면서 먼저 모르는 표현에 체크를 해 보세요. 이것이 바로 **TV**, 영화, 드라마, 애니메이션 그리고 진짜 살아 있는 현실의 영어를 배울 수 있는 가장 좋은 시작입니다.

리얼 스피킹 연습
실제 영화 동영상

- ☐ **A likely story.**
- ☐ **(Well, she's) A real piece of work.**
- ☐ **A watched pot never boils.**
- ☐ **Actions speak louder than words.**
- ☐ **After you. No, After you.**
- ☐ **All for nothing.**
- ☐ **All is forgiven.**
- ☐ **All right, drive safe.**
- ☐ **(Phew!) All's well that ends well.**
- ☐ **Allow me.**
- ☐ **(What?) Am I being too loud again?**
- ☐ **Am I bugging you?**
- ☐ **Am I in trouble?**
- ☐ **Am I talking too much?**
- ☐ **And then it hit me.**
- ☐ **(Does) Anybody need anything?**
- ☐ **Apple doesn't fall far from the tree.**
- ☐ **Are we all on the same page?**
- ☐ **Are we there yet?**
- ☐ **Are you all right?**

STEP 2 | **QR** 찍고 **5번** 따라 읽고 **1번** 따라 쓰기(Writing)

읽고 쓰는 능력과 함께 입과 귀도 터주는 대치동 기적의 중학영어 **1800** 통문장입니다. 먼저 **5회** 반복 학교 표준 영상을 틀고 다음 페이지로 넘어가 책을 보면서 **5번씩** 따라 읽기한 후, **1번씩** 따라 쓰세요. 대치동 기적의 중학영어 시리즈 3권에는 **1800**개 대화 세트 총 **3600**개의 통문장이 들어 있습니다.

5회 반복
학교 표준 영상

0021 **A likely story.** 말은 그럴싸하네, 말은 그럴싸하지만.

A: I couldn't finish my homework because my dog ate my notes.

I couldn't finish my homework because my dog ate my notes.

B: A likely story. But you used that excuse last week too!

A: 숙제 못 했어. 우리 강아지가 내 노트를 다 먹어버렸거든.
B: 그럴싸한 핑계네. 근데 너 저번 주에도 그 핑계 댔었잖아!

0022 **(Well, she's) A real piece of work.** 진짜 진상이네.

A: Did you see how Jessica talked back to the teacher today?

B: Yeah... well, she's a real piece of work.

A: 오늘 제시카가 선생님한테 말 대꾸한 거 봤어?
B: 응... 진짜 대단한 캐릭터야, 걘.

0023 **A watched pot never boils.** 서두른다고 일이 되는 게 아냐, 냄비 계속 쳐다본다고 빨리 끓는 것 아냐.

A: I keep refreshing the page. The grades still aren't up!

B: Chill, they'll post it soon. A watched pot never boils, okay?

A: 계속 새로고침을 하고 있는데, 아직 사이트에 성적이 안 올라 왔어!
B: 진정해, 곧 올라올 거야. 지켜 보는 냄비는 절대 끓지 않는다 고 하잖아~

여기서 **Chill**은 **"Relax, it's gonna be fine."**에서 **Relax**나 **"Come on, wait a sec."**과 같은 표현에서 **Come on**처럼 쓰이는 표현입니다.

0024 **Actions speak louder than words.** 말보다는 행동이 중요해.

A: He always talks about making changes, but nothing ever happens.

B: Actions speak louder than words. Until he actually does something, it's just talk.

A: 그는 항상 변화를 말하긴 하는 데, 실제로 바뀌는 건 없어.
B: 말보다 행동이 중요하지. 뭔가 하기 전까진 그냥 말뿐이야.

0025 **After you. No, After you.** 먼저 하세요 아니 먼저 하세요.

A: **Here, let me hold the door for you.**

B: **Oh, thanks! After you.**

A: 자, 문 잡아줄게.
B: 오, 고마워! 먼저 가~

0026 **All for nothing.** 아무 의미가 없어, 헛수고가 돼 버렸어.

A: **I spent six weeks working on this project, but they decided to cancel it.**

B: **Wow, all for nothing. That must be so frustrating.**

A: 이 프로젝트에 6주나 썼는데, 결국 취소됐대.
B: 와, 허무하겠다. 진짜 속상하겠네.

0027 **All is forgiven.** 벌써 다 잊었어, 모든 걸 용서했어.

A: **I'm really sorry for what happened earlier.**

B: **All is forgiven. Let's move on.**

A: 일전에 일 진짜 미안했어.
B: 다 괜찮아. 이제 넘어가자.

0028 **All right, drive safe.** 운전 조심해.

A: **I'm heading out now.**

B: **All right, drive safe and text me when you get there.**

A: 이제 나 간다~
B: 그래, 조심히 운전해 가고 도착하면 문자해!

0029 (Phew!) All's well that ends well. 끝이 좋으면 다 괜찮아, 끝이 좋으면 된 거야.

A: That was chaotic, but at least everything worked out.

B: Phew! All's well that ends well.

A: 완전 엉망이었지만, 그래도 결국 잘 됐네.
B: 후~ 끝이 좋으면 다 좋은 거니까 잘 된 거지!

0030 Allow me. 내가 할게, 내가 해 줄게.

A: (struggling to open a jar) Ugh!

B: Allow me.

A: (병뚜껑을 못 열고 있음) 으으~
B: 내가 해줄게.

0031 (What?) Am I being too loud again? 제가 목소리를 다시 크게 냈나요?

A: What? Am I being too loud again?

B: Kinda, but it's cute. Everyone can tell when you're here.

A: 뭐야? 또 내가 시끄러웠어?
B: 약간... 근데 귀여워. 네가 있을 땐 모든 사람들이 다 알아~

여기서 **Kinda**는 **kind of**의 줄임말로 "약간", "좀", "그런 편" 정도의 의미로 쓰이는 표현입니다. **Kinda**는 **"I'm kinda tired."** (나 약간 좀 피곤해.) **"It's kinda funny."** (그거 약간 좀 웃겨.)와 같이 쓰입니다.

0032 Am I bugging you? 제가 방해되나요?

A: I have some questions. Am I bugging you?

B: No, not at all! I'm happy to answer your questions.

A: 질문 좀 해도 될까? 귀찮게 하는 건 아니지?
B: 전혀 아니야! 기꺼이 질문에 답해 줄게.

0033   **Am I in trouble?** 나 혼나나요? 나 큰일 난 건가?

A: You didn't follow the traffic laws properly.

B: Am I in trouble?

A: 너 방금 교통법규 제대로 안
　지켰어.
B: 나 지금 큰일 난 거야?

0034   **Am I talking too much?** 내가 말이 많지?

A: I'm sorry. I'm just so excited! Am I talking too much?

B: No, not at all! I'm enjoying listening to you!

A: 미안해. 너무 신나서 그랬어!
　나 말 너무 많이 했나?
B: 아니야, 전혀! 네 얘기 듣는 거
　재밌어!

0035   **And then it hit me.** 그러고 나서 깨달았어, 그러다 알게 됐어.

A: How did you find the answer?

B: I was thinking about it, and then it hit me!

A: 어떻게 답을 찾은 거야?
B: 생각하다가 갑자기 딱 떠올랐
　어!

0036   **(Does) Anybody need anything?** 누구 뭐 필요한 사람?

A: What can I get you? (Does) Anybody need anything while I'm out?

B: I'm fine, but could you grab some snacks if you're going out?

A: 뭐 사다줄까? 나 나가는데, 필
　요한 것 있는 사람?
B: 난 괜찮은데, 간식 좀 사다줄
　수 있어?

0037 **Apple doesn't fall far from the tree.** 콩 심은데 콩 나고 팥 심은 데 팥 나, 부전자전이야.

A: Your son is just like you!

B: Well, you know, the apple doesn't fall far from the tree!

A: 네 아들 너랑 똑같다!
B: 그럼~ 피는 못 속이지!

0038 **Are we all on the same page?** 이해해? 같은 생각 맞아?

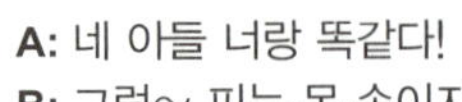

A: So, just to clarify, are we all on the same page?

B: Actually, I'm a bit unclear on one point.

A: 정리하자면, 우리 다 이해한 거 맞지?
B: 음, 난 사실 하나가 좀 헷갈려.

0039 **Are we there yet?** 우리 아직 멀었어? 아직 먼 거야?

A: How much longer? Are we there yet? I can't wait to get there.

B: Not much longer! We're almost there, just a few more minutes.

A: 얼마나 더 가야 돼? 아직 멀었어? 빨리 도착하고 싶어!
B: 거의 다 왔어! 조금만 더 기다려~

0040 **Are you all right?** 괜찮은 거야?

A: Are you all right?

B: Yeah, I just got dizzy for a second.

A: 괜찮아?
B: 응, 그냥 순간 어지러웠어.

MAGIC 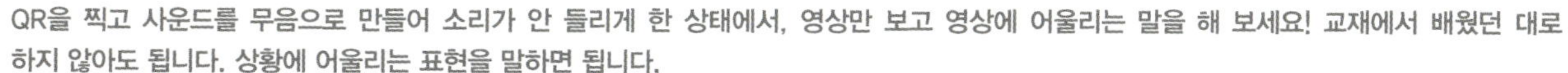 대기중, 입이 터지는 더빙(Dubbing)

QR을 찍고 사운드를 무음으로 만들어 소리가 안 들리게 한 상태에서, 영상만 보고 영상에 어울리는 말을 해 보세요! 교재에서 배웠던 대로 하지 않아도 됩니다. 상황에 어울리는 표현을 말하면 됩니다.

리얼 스피킹 연습
실제 영화 동영상

STEP 3 | 도전! 영화보고 받아쓰기(Dictation)

오늘 배운 표현을 확인하고 완전히 나의 것으로 만드는 시간입니다. 5회 반복 리얼 스피킹 연습 실제 영화 동영상을 활용해 **STEP 3-1**과 **3-2**를 완성하세요.

리얼 스피킹 연습
실제 영화 동영상

STEP 3-1 빈칸에 정확한 표현을 Dictation 하세요.

☐ **A ___________ story.** 말은 그럴싸하네, 말은 그럴싸하지만.

☐ **(Well, she's) A ___________ ___________ of work.** 진짜 진상이네.

☐ **A __________ pot never ___________.** 서두른다고 일이 되는 게 아냐, 냄비 계속 쳐다본다고 빨리 끓는 것 아냐.

☐ **___________ speak louder than ___________.** 말보다는 행동이 중요해.

☐ **___________ you. No, ___________ you.** 먼저 하세요 아니 먼저 하세요.

☐ **All for ___________.** 아무 의미가 없어, 헛수고가 돼 버렸어.

☐ **All is ___________.** 벌써 다 잊었어, 모든 걸 용서했어.

☐ **All right, ___________ ___________.** 운전 조심해.

☐ **(Phew!) ___________ well that ___________ well.** 끝이 좋으면 다 괜찮아, 끝이 좋으면 된 거야.

☐ **___________ me.** 내가 할게, 내가 해 줄게.

☐ **(What?) Am I ___________ too ___________ again?** 제가 목소리를 다시 크게 냈나요?

☐ **Am I ___________ you?** 제가 방해되나요?

☐ **Am I in ___________?** 나 혼나나요? 나 큰일 난 건가?

☐ **Am I ___________ too much?** 내가 말이 많지?

☐ **And ___________ it ___________ me.** 그러고 나서 깨달았어, 그러다 알게 됐어.

☐ **(Does) ___________ need ___________?** 누구 뭐 필요한 사람?

☐ **___________ doesn't fall ___________ from the tree.** 콩 심은데 콩 나고 팥 심은 데 팥 나, 부전자전이야.

☐ **Are we all on the ___________ ___________?** 이해해? 같은 생각 맞아?

☐ **Are we ___________ ___________?** 우리 아직 멀었어? 아직 먼 거야?

☐ **Are you all ___________?** 괜찮은 거야?

STEP 3-2 빈칸에 다음 통문장의 의미를 한국어로 쓰세요.

☐ A likely story. _______________________

☐ (Well, she's) A real piece of work. _______________________

☐ A watched pot never boils. _______________________

☐ Actions speak louder than words. _______________________

☐ After you. No, After you. _______________________

☐ All for nothing. _______________________

☐ All is forgiven. _______________________

☐ All right, drive safe. _______________________

☐ (Phew!) All's well that ends well. _______________________

☐ Allow me. _______________________

☐ (What?) Am I being too loud again?

____

☐ Am I bugging you? _______________________

☐ Am I in trouble? _______________________

☐ Am I talking too much? _______________________

☐ And then it hit me. _______________________

☐ (Does) Anybody need anything? _______________________

☐ Apple doesn't fall far from the tree.

____

☐ Are we all on the same page? _______________________

☐ Are we there yet? _______________________

☐ Are you all right? _______________________

살아있는 애니메이션과 영화로 진짜 읽고, 쓰고, 듣고, 말하게 만들어
국제학교 학생들만큼 영어를 잘하게 해주는
대치동 기적의 중학영어 통문장 훈련
세상에 없던, 대한민국 유일의 주니어용 스피킹 & 리스닝 미드 교재

AI 학습자료와 인강 **youpass.co.kr**

STEP 1 | 무조건, **QR** 찍고 미드 듣고 따라 말하기(Speaking)

오늘 배울 표현을 미리 확인하고 나의 약점을 찾아보는 시간입니다. **5회** 반복 리얼 스피킹 연습 실제 영화 동영상을 보면서 먼저 모르는 표현에 체크를 해 보세요. 이것이 바로 **TV**, 영화, 드라마, 애니메이션 그리고 진짜 살아 있는 현실의 영어를 배울 수 있는 가장 좋은 시작입니다.

리얼 스피킹 연습
실제 영화 동영상

- ☐ **Are you still mad at me?**
- ☐ **Are you sure you wanna do that?**
- ☐ **Are you trying to be funny?**
- ☐ **Are you trying to convince?**
- ☐ **Are you trying to embarrass me?**
- ☐ **Are you trying to get rid of me?**
- ☐ **Are you wearing makeup?**
- ☐ **Are you with me?**
- ☐ **Aren't you supposed to be at work?**
- ☐ **As far as I know.**
- ☐ **As the years went by.**
- ☐ **Back me up.**
- ☐ **Back off.**
- ☐ **Ball's in your[his] court.**
- ☐ **Be gentle.**
- ☐ **Be my guest.**
- ☐ **Be normal.**
- ☐ **Be on time.**
- ☐ **Be prepared.**
- ☐ **Be straight with me.**

STEP 2 | **QR** 찍고 **5번** 따라 읽고 **1번** 따라 쓰기(Writing)

읽고 쓰는 능력과 함께 입과 귀도 터주는 대치동 기적의 중학영어 **1800** 통문장입니다. 먼저 **5회** 반복 학교 표준 영상을 틀고 다음 페이지로 넘어가 책을 보면서 **5번씩** 따라 읽기한 후, **1번씩** 따라 쓰세요. 대치동 기적의 중학영어 시리즈 **3권**에는 **1800개** 대화 세트 총 **3600개**의 통문장이 들어 있습니다.

5회 반복
학교 표준 영상

0041 **Are you still mad at me?** 아직도 나한테 화났어?

A: Are you still mad at me? I really didn't mean to upset you.

Are you still mad at me? I really didn't mean to upset you.

B: I'm not mad anymore, but it'll take some time to fully get over it.

A: 아직도 나한테 화났어? 진짜 일부러 기분 상하게 하려던 건 아니었어.
B: 이제 화는 안 나, 근데 완전히 잊으려면 시간이 좀 필요해.

0042 **Are you sure you wanna do that?** 진짜 그거 하고 싶어?

A: I'm going to email Mr. Anderson and tell him his grading is totally unfair.

B: Are you sure you wanna do that? You might regret it if you send it while you're still upset.

A: 앤더슨 선생님한테 이메일을 보낼 거야. 채점이 너무 불공평하다고 말할 거야.
B: 진짜 그렇게 할 거야? 아직 화난 상태에서 보내면 후회할 수도 있어.

미국 초·중·고등학교에서 학생들이 선생님을 부를 때는 **"Mr."**, **"Ms."**, **"Mrs."**, **"Miss"** + 성(last name) 형식으로 부르는 것이 일반적입니다. **Mr. Simon** (남자 선생님), **Mrs. Johnson** (결혼한 여자 선생님), **Miss Taylor** (미혼 여자 선생님, 요즘은 덜 사용됨), **Ms. Lee** (결혼 여부 상관없이 여자 선생님) 등으로 호칭하는 것이 예의를 갖춘 교실 문화입니다. 선생님 이름을 그냥 부르는 일은 거의 없고 **Anderson teacher** 이런 식으로도 거의 부르지 않습니다.

0043 **Are you trying to be funny?** 웃기려고 하는 거지? 진심은 아닌 거지?

A: I'm pretty sure I could do a better job than you!

B: Are you trying to be funny, or is that your serious opinion?

A: 솔직히 나 너보다 더 잘할 수 있을 것 같아!
B: 농담하는 거야, 진심이야?

0044 **Are you trying to convince?** 설득하려고 하는 거야?

A: This is really the best option.

B: Are you trying to convince me?

A: 이게 진짜 최선의 선택이야.
B: 나 설득하려는 거야?

0045 **Are you trying to embarrass me?** 날 난처하게 하려는 거야?

A: I can't believe you told everyone about that! Are you trying to embarrass me?

B: I'm sorry. I didn't mean to embarrass you.

A: 네가 그 얘기를 모두한테 했다니 믿기지 않아! 날 망신 주려던 거야?
B: 미안해. 그럴 의도는 아니었어.

0046 **Are you trying to get rid of me?** 날 떼어내려고 그러는 거야? 날 빼려고 그러는 거야?

A: Are you trying to get rid of me or something?

B: No, of course not! I just thought you could use some rest. That's all.

A: 혹시 나만 빼고 뭐하려는 거야?
B: 아니야, 절대 그런 거 아니야! 그냥 너 좀 쉬는 게 좋을 것 같아서 그랬지.

0047 **Are you wearing makeup?** 너 화장한 거야?

A: Wow, you look amazing today! Are you wearing makeup?

B: Just a little bit!

A: 와, 오늘 진짜 멋져 보여! 화장했어?
B: 조금 했어!

0048 **Are you with me?** 내 말 이해했어? 무슨 말인지 알겠어? 듣고 있는 거니?

A: Are you with me?

B: Yeah, but this is super complicated.

A: 내 말 이해 해?
B: 응, 근데 이거 진짜 너무 복잡하다.

0049 **Aren't you supposed to be at work?** 회사에 있어야 하는 거 아냐?

A: **Aren't you supposed to be at work?**

B: **Day off. I needed a break.**

A: 너 지금 일해야 하는 거 아니야?
B: 오늘은 쉬는 날이야. 좀 쉬고 싶었거든.

0050 **As far as I know.** 내가 아는 한, 내가 알기로는.

A: **Is it true that the shop is moving to a new place?**

B: **As far as I know, it is. I've heard the same thing, but I'm not sure about all the details yet.**

A: 그 가게 이전한다는 게 진짜 사실이야?
B: 내가 알기로는 맞아. 나도 그렇게 들었는데, 자세한 건 아직 잘 몰라.

0051 **As the years went by.** 시간이 지나면서, 세월이 지나면서.

A: **Do you remember how we used to hang out every weekend?**

B: **Yeah, as the years went by, we just got busier with life, but I miss those days.**

A: 우리 예전엔 주말마다 자주 만났던 거 기억나?
B: 기억나지. 시간이 지나면서 다들 바빠졌지만, 나도 그때가 그리워.

0052 **Back me up.** 내 편 좀 들어줘.

A: **Are you sure this is the right decision?**

B: **Back me up on this. I know it'll work!**

A: 이게 진짜 맞는 결정 맞아?
B: 나 좀 믿어줘. 분명히 잘 될 거야!

0053 **Back off.** 물러서, 뒤로 물러나, 꺼져.

A: I was just joking.

B: Well, it wasn't funny. Back off.

A: 그냥 농담이었어.
B: 근데 안 웃겼어. 좀 그만해.

0054 **Ball's in your[his] court.** 너[그]에게 달렸어, 네[그]가 결정할 차례야.

A: I gave him all the details he asked for.

B: The ball's in his court now. Let's see what he decides to do.

A: 걔가 요청한 거 다 전달했어.
B: 이제 공은 걔한테 넘어갔지. 어떻게 할지 보자고.

0055 **Be gentle.** 살살 해.

A: I'll pull the bandage off.

B: Please, be gentle.

A: 내가 상처에 붙인 밴드 떼 줄게.
B: 제발 살살 해줘...

0056 **Be my guest.** 얼마든지요, 어서 하세요.

A: Can I have the last piece of pizza?

B: Be my guest. I'm full anyway.

A: 마지막 피자 한 조각 먹어도 돼?
B: 응, 당연하지. 난 배불러.

0057 **Be normal.** 평소대로 해.

A: **Why are you acting so weird? Just be normal.**

B: **Dude, I am being normal!**

A: 왜 이렇게 이상하게 굴어? 그냥 평소처럼 해.
B: 야, 나 평소대로 하는 거거든!

0058 **Be on time.** 제 시간에 와, 늦지 마.

A: **What time is dinner?**

B: **7 p.m. Be on time.**

A: 저녁은 몇 시야?
B: 7시야. 늦지 마.

0059 **Be prepared.** 준비하도록 해.

A: **Are you ready for tomorrow? Be prepared. It's gonna be a busy day.**

B: **Yes, I've got everything set. I'm ready for whatever comes our way!**

A: 내일 준비됐어? 정신없이 바쁠 거야.
B: 응, 다 준비됐어. 어떤 일이 와도 괜찮아!

whatever comes our way "어떤 것이 다가 오든", "우리에게 다가오는 것은 무엇이든"의 의미로 주로 결연한 태도나 긍정적인 각오를 나타낼 때 씁니다.

0060 **Be straight with me.** 나한테 솔직히 말해.

A: **Are you hiding something? Be straight with me.**

B: **I'm not hiding anything. I'm being honest with you.**

A: 뭔가 숨기고 있는 거 아니야? 솔직히 말해줘.
B: 진짜 아무것도 안 숨기고 있어. 다 말한 거야.

MAGIC  대기중, 입이 터지는 더빙(Dubbing)

QR을 찍고 사운드를 무음으로 만들어 소리가 안 들리게 한 상태에서, 영상만 보고 영상에 어울리는 말을 해 보세요! 교재에서 배웠던 대로 하지 않아도 됩니다. 상황에 어울리는 표현을 말하면 됩니다.

리얼 스피킹 연습
실제 영화 동영상

STEP 3 | 도전! 영화보고 받아쓰기(Dictation)

오늘 배운 표현을 확인하고 완전히 나의 것으로 만드는 시간입니다. **5회 반복 리얼 스피킹 연습 실제 영화 동영상을 활용해 STEP 3-1과 3-2를** 완성하세요.

리얼 스피킹 연습
실제 영화 동영상

STEP 3-1 빈칸에 정확한 표현을 Dictation 하세요.

☐ **Are you _________ _________ at me?** 아직도 나한테 화났어?

☐ **Are you _________ you _________ do that?** 진짜 그거 하고 싶어?

☐ **Are you trying to be _________?** 웃기려고 하는 거지? 진심은 아닌 거지?

☐ **Are you trying to _________?** 설득하려고 하는 거야?

☐ **Are you trying to _________ me?** 날 난처하게 하려는 거야?

☐ **Are you _________ to get rid of me?** 날 떼어내려고 그러는 거야? 날 빼려고 그러는 거야?

☐ **Are you _________ makeup?** 너 화장한 거야?

☐ **Are you _________ me?** 내 말 이해했어? 무슨 말인지 알겠어? 듣고 있는 거니?

☐ **Aren't you _________ to be at work?** 회사에 있어야 하는 거 아냐?

☐ **As far as I _________.** 내가 아는 한, 내가 알기로는.

☐ **As the years _________ by.** 시간이 지나면서, 세월이 지나면서.

☐ **_________ me up.** 내 편 좀 들어줘.

☐ **_________ off.** 물러서, 뒤로 물러나, 꺼져.

☐ **_________ in your[his] _________.** 너[그]에게 달렸어, 네[그]가 결정할 차례야.

☐ **Be _________.** 살살 해.

☐ **Be my _________.** 얼마든지요, 어서 하세요.

☐ **Be _________.** 평소대로 해.

☐ **Be on _________.** 제 시간에 와, 늦지 마.

☐ **Be _________.** 준비하도록 해.

☐ **Be _________ with me.** 나한테 솔직히 말해.

STEP 3-2 빈칸에 다음 통문장의 의미를 한국어로 쓰세요.

☐ Are you still mad at me?

☐ Are you sure you wanna do that?

☐ Are you trying to be funny?

☐ Are you trying to convince?

☐ Are you trying to embarrass me?

☐ Are you trying to get rid of me?

☐ Are you wearing makeup?

☐ Are you with me?

☐ Aren't you supposed to be at work?

☐ As far as I know.

☐ As the years went by.

☐ Back me up.

☐ Back off.

☐ Ball's in your[his] court.

☐ Be gentle.

☐ Be my guest.

☐ Be normal.

☐ Be on time.

☐ Be prepared.

☐ Be straight with me.

살아있는 애니메이션과 영화로 진짜 읽고, 쓰고, 듣고, 말하게 만들어
국제학교 학생들만큼 영어를 잘하게 해주는

대치동 기적의 중학영어 통문장 훈련
세상에 없던, 대한민국 유일의 주니어용 스피킹 & 리스닝 미드 교재

DAY
04
30 days

AI 학습자료와 인강 **youpass.co.kr**

STEP 1 | 무조건, **QR** 찍고 미드 듣고 따라 말하기(Speaking)

리얼 스피킹 연습
실제 영화 동영상

오늘 배울 표현을 미리 확인하고 나의 약점을 찾아보는 시간입니다. **5**회 반복 리얼 스피킹 연습 실제 영화 동영상을 보면서 먼저 모르는 표현에 체크를 해 보세요. 이것이 바로 **TV**, 영화, 드라마, 애니메이션 그리고 진짜 살아 있는 현실의 영어를 배울 수 있는 가장 좋은 시작입니다.

- ☐ **Beauty's in the eye of the beholder.**
- ☐ **Been there, done that.**
- ☐ **Behave yourself.**
- ☐ **Believe in yourself.**
- ☐ **Better late than never.**
- ☐ **Better luck next time.**
- ☐ **Better safe than sorry.**
- ☐ **Better than nothing.**
- ☐ **Bite the bullet.**
- ☐ **(God) Bless you.**
- ☐ **Bottoms up!**
- ☐ **Brace yourself.**
- ☐ **Break a leg!**
- ☐ **(Okay, okay.) Break's over, everyone.**
- ☐ **Buy one, get one free.**
- ☐ **By all means.**
- ☐ **By the looks of it.**
- ☐ **Oh[C'mon], I wanna hear everything.**
- ☐ **Can I be honest with you?**
- ☐ **Can I borrow $1500?**

STEP 2 | **QR** 찍고 **5**번 따라 읽고 **1**번 따라 쓰기(Writing)

5회 반복
학교 표준 영상

읽고 쓰는 능력과 함께 입과 귀도 터주는 대치동 기적의 중학영어 **1800** 통문장입니다. 먼저 **5**회 반복 학교 표준 영상을 틀고 다음 페이지로 넘어가 책을 보면서 **5**번씩 따라 읽기한 후, **1**번씩 따라 쓰세요. 대치동 기적의 중학영어 시리즈 **3**권에는 **1800**개 대화 세트 총 **3600**개의 통문장이 들어 있습니다.

0061 **Beauty's in the eye of the beholder.** 제 눈에 안경이야.

A: I don't get why people like abstract art. It just looks messy to me.

B: Well, beauty's in the eye of the beholder.

A: 사람들이 왜 추상화를 좋아하는지 모르겠어. 그냥 지저분해 보이는데.
B: 음. 아름다움은 보는 사람의 눈에 달려있지.

beholder란 "보는 사람"의 뜻이며 **"Beauty is in the eye of the beholder"**라는 표현은 "아름다움은 보는 사람의 주관에 따라 달라진다." 즉 "아름다움은 절대적인 것이 아니라 상대적인 것이다."라는 뜻입니다. 이 표현은 19세기 후반부터 쓰이기 시작했고 특히 **Margaret Wolfe Hungerford**가 사용한 이후 널리 알려지며, 문학과 일상 속 표현으로 자리 잡았습니다.

0062 **Been there, done that.** 나도 다 겪어 봤어.

A: What do you think about this new project?

B: Been there, done that. It's nothing new. I've worked on something similar before.

A: 이 새 프로젝트 어때?
B: 해봤지, 그거. 별로 새롭지도 않아. 비슷한 거 해본 적 있어.

0063 **Behave yourself.** 예의 바르게 행동해, 얌전히 있어.

A: Stop causing trouble! Behave yourself.

B: I wasn't trying to cause trouble! But fine, I'll stop.

A: 말썽 좀 그만 부려! 얌전히 좀 해.
B: 일부러 그런 건 아니었어! 알겠어, 이제 안 그럴게.

0064 **Believe in yourself.** 너 자신을 믿어.

A: I'm not sure I can do it.

B: Believe in yourself.

A: 나 이거 못할 것 같아.
B: 스스로를 믿어.

0065 **Better late than never.** 늦더라도 안 하는 것보다는 좋아.

A: **I'm sorry I'm late because traffic was a nightmare!**

B: **Better late than never. I'm just glad you made it. Now we can get started!**

A: 미안. 너무 늦었지. 차가 너무 막혔어!
B: 늦게라도 온 게 어디야. 와줘서 다행이야. 이제 시작하자!

0066 **Better luck next time.** 다음엔 더 나을 거야, 다음엔 더 잘할 거야.

A: **I didn't win.**

B: **Better luck next time. You'll get it next time!**

A: 내가 졌어.
B: 다음엔 더 잘 될 거야. 화이팅!

0067 **Better safe than sorry.** 조심해서 나쁠 건 없어.

A: **I'm not sure if we should do this. It feels a bit risky.**

B: **Better safe than sorry. Maybe we should hold off and think it through a bit more.**

A: 이거 해도 될지 모르겠어. 좀 위험한 느낌이야.
B: 안전이 최고지. 좀 더 생각해보자.

0068 **Better than nothing.** 없는 것보다는 낫지.

A: **It's not perfect, but it's something.**

B: **Better than nothing.**

A: 완벽하진 않지만, 뭔가는 됐어.
B: 없는 것보단 낫지.

0069 **Bite the bullet.** 이 악물고 버텨, 꼭 참고 견뎌.

A: I really don't wanna do this.

B: Sometimes you just have to bite the bullet.

A: 진짜 이거 하기 싫어.
B: 때론 그냥 참고 해야 할 때도 있어.

0070 **(God) Bless you.** 아이고, 감기 조심.

A: Ah-choo!

B: Bless you! You okay? Do you feel like you're coming down with something?

A: 에취!
B: 어이쿠! 괜찮아? 감기 걸린 거 아냐?

0071 **Bottoms up!** 원 샷!

A: Let's toast to this!

B: Cheers! Bottoms up!

A: 우리 이걸로 건배하자!
B: 좋아! 건배~

0072 **Brace yourself.** 마음 단단히 먹어.

A: Brace yourself. The storm is getting worse.

B: Yikes, I hope it doesn't get too bad.

A: 조심해. 폭풍이 더 심해지고 있어.
B: 헉, 너무 심하지 않았으면 좋겠다.

영어에도 의성어(**onomatopoeia**)와 더불어 감탄사(**interjections**)처럼 감정이나 소리를 흉내 내는 표현들이 아주 다양하게 존재합니다.

Yikes! 놀라거나 당황했을 때 ("헉!", "으악!")
Eek! 깜짝 놀라거나 무서울 때 ("꺅!")
Gasp! 숨을 들이쉬는 놀람 소리 ("헉!")
Whoa! 깜짝 놀람 또는 제지 ("우와!", "잠깐!")
Ack! 짜증, 실수, 당황 ("아악!", "앗!")
Ugh! 역겨움, 불쾌함 ("으윽", "아놔")
Ew! / Eww! 징그러움, 더러움 ("으웩", "으으")
Yuck! 맛이 없거나 역겨울 때 ("우웩")
Bleh 무기력하거나 흥미 없음 ("에휴", "별로")

Grr! 화날 때 나는 으르렁 소리 ("크르르", "화났어!")
Argh! / Aaargh! 좌절, 분노 ("아아악!", "젠장!")
Hmph! 삐진 듯한 불만 ("흥!")
Haha! / Hehe! / Hihi! 웃음소리 ("하하", "헤헤", "히히")
Lol! (글쓰기용) 웃겨서 (**"Laughing Out Loud"**)
Teehee! 장난스럽거나 소녀 같은 웃음소리 ("피히")
Hmm... 생각 중일 때 ("흠...")
Uh... / Um... 머뭇거리며 말할 때 ("음...")
Er... 말이 막힐 때 ("어...")

0073　Break a leg! 행운을 빌어! 잘 해!

A: I have my big audition today! I'm so nervous.

B: Break a leg! You've got this. I know you'll do great!

A: 오늘 오디션 있어! 너무 긴장 돼.
B: 행운을 빌어! 넌 잘할 거야. 내가 믿어!

0074　(Okay, okay.) Break's over, everyone. 모두들 쉬는 시간 끝났어.

A: Alright, break's over, everyone.

B: Got it, back to work!

A: 자, 휴식 끝이야. 다들 자리로.
B: 알겠어요~ 다시 일하자!

0075　Buy one, get one free. 1+1이야, 하나 사면 하난 덤이야.

A: What's the deal?

B: It's buy one, get one free! Great deal, right?

A: 그거 뭐야?
B: 하나 사면 하나 공짜래! 괜찮지?

0076　By all means. 당연하죠, 물론이죠.

A: Can I use your phone? I just need to make a quick call.

B: By all means! Feel free to use it anytime. No problem at all.

A: 네 폰 좀 써도 돼? 잠깐 전화만 할게.
B: 물론이지! 언제든 써. 아무 문제 없어.

0077 By the looks of it. 겉으로 보기엔, 보아하니.

A: How does the project look?

B: By the looks of it, it's almost done. We just need to wrap up a few things.

A: 프로젝트 상태 어때 보여?
B: 보기엔 거의 다 된 것 같아. 마무리만 좀 하면 될 듯!

0078 Oh[C'mon], I wanna hear everything. 전부 다 말해줘, 모두 듣고 싶어.

A: It's a long story.

B: C'mon, I wanna hear everything! Don't leave out any details.

A: 말하자면 길어.
B: 야, 다 말해줘! 디테일 하나도 빼먹지 말고!

0079 Can I be honest with you? 솔직히 말해도 돼?

A: What's on your mind?

B: Can I be honest with you? I've been thinking about something.

A: 무슨 생각해?
B: 솔직히 말해도 돼? 요즘 좀 생각이 많아.

0080 Can I borrow $1500? 나 1500달러 빌려줄 수 있어?

A: I'm a bit short on cash. Can I borrow $1500?

B: Hmm, I don't have that much right now, but I can lend you $200 if that helps.

A: 나 지금 현금이 좀 부족한데… 1500 달러만 빌릴 수 있을까?
B: 음, 그렇게 많은 돈은 지금 없는데… 200 달러 정도는 빌려줄 수 있어. 그걸로라도 괜찮을까?

MAGIC  대기중, 입이 터지는 더빙(Dubbing)

QR을 찍고 사운드를 무음으로 만들어 소리가 안 들리게 한 상태에서, 영상만 보고 영상에 어울리는 말을 해 보세요! 교재에서 배웠던 대로 하지 않아도 됩니다. 상황에 어울리는 표현을 말하면 됩니다.

리얼 스피킹 연습
실제 영화 동영상

STEP 3 | 도전! 영화보고 받아쓰기(Dictation)

오늘 배운 표현을 확인하고 완전히 나의 것으로 만드는 시간입니다. **5회 반복 리얼 스피킹 연습 실제 영화 동영상을 활용해 STEP 3-1과 3-2를** 완성하세요.

리얼 스피킹 연습
실제 영화 동영상

STEP 3-1 빈칸에 정확한 표현을 Dictation 하세요.

☐ **Beauty's in the __________ of the __________.** 제 눈에 안경이야.

☐ **__________ there, __________ that.** 나도 다 겪어 봤어.

☐ **__________ yourself.** 예의 바르게 행동해, 얌전히 있어.

☐ **__________ in __________.** 너 자신을 믿어.

☐ **__________ __________ than never.** 늦더라도 안 하는 것보다는 좋아.

☐ **__________ __________ next time.** 다음엔 더 나을 거야, 다음엔 더 잘할 거야.

☐ **Better __________ than __________.** 조심해서 나쁠 건 없어.

☐ **__________ than nothing.** 없는 것보다는 낫지.

☐ **__________ the __________.** 이 악물고 버텨, 꾹 참고 견뎌.

☐ **(God) __________ you.** 아이고, 감기 조심.

☐ **__________ up!** 원 샷!

☐ **__________ yourself.** 마음 단단히 먹어.

☐ **__________ a __________!** 행운을 빌어! 잘 해!

☐ **(Okay, okay.) __________ over, everyone.** 모두들 쉬는 시간 끝났어.

☐ **__________ one, __________ one free.** 1+1이야, 하나 사면 하난 덤이야.

☐ **By all __________.** 당연하죠, 물론이죠.

☐ **By the __________ of it.** 겉으로 보기엔, 보아하니.

☐ **Oh[C'mon], I __________ hear everything.** 전부 다 말해줘, 모두 듣고 싶어.

☐ **Can I be __________ with you?** 솔직히 말해도 돼?

☐ **Can I __________ $1500?** 나 1500달러 빌려줄 수 있어?

STEP 3-2 빈칸에 다음 통문장의 의미를 한국어로 쓰세요.

□ **Beauty's in the eye of the beholder.**

□ **Been there, done that.**

□ **Behave yourself.**

□ **Believe in yourself.**

□ **Better late than never.**

□ **Better luck next time.**

□ **Better safe than sorry.**

□ **Better than nothing.**

□ **Bite the bullet.**

□ **(God) Bless you.**

□ **Bottoms up!**

□ **Brace yourself.**

□ **Break a leg!**

□ **(Okay, okay.) Break's over, everyone.**

□ **Buy one, get one free.**

□ **By all means.**

□ **By the looks of it.**

□ **Oh[C'mon], I wanna hear everything.**

□ **Can I be honest with you?**

□ **Can I borrow $1500?**

살아있는 애니메이션과 영화로 진짜 읽고, 쓰고, 듣고, 말하게 만들어
국제학교 학생들만큼 영어를 잘하게 해주는
대치동 기적의 중학영어 통문장 훈련
세상에 없던, 대한민국 유일의 주니어용 스피킹 & 리스닝 미드 교재

AI 학습자료와 인강 **youpass.co.kr**

STEP 1 | 무조건, **QR** 찍고 미드 듣고 따라 말하기(Speaking)

리얼 스피킹 연습
실제 영화 동영상

오늘 배울 표현을 미리 확인하고 나의 약점을 찾아보는 시간입니다. 5회 반복 리얼 스피킹 연습 실제 영화 동영상을 보면서 먼저 모르는 표현에 체크를 해 보세요. 이것이 바로 **TV**, 영화, 드라마, 애니메이션 그리고 진짜 살아 있는 현실의 영어를 배울 수 있는 가장 좋은 시작입니다.

- ☐ **(Um,) Can I borrow your phone?**
- ☐ **Can I come in?**
- ☐ **Can I get a coffee?**
- ☐ **(Hey,) Can I get a ride?**
- ☐ **Can I give you a ride home?**
- ☐ **Can I have a hug?**
- ☐ **Can I say something?**
- ☐ **Can I see you again?**
- ☐ **Can I take a look?**
- ☐ **Can I take a rain check?**
- ☐ **Can I talk to you for a second?**
- ☐ **Can I try it[this] on?**
- ☐ **Can it wait?**
- ☐ **Can we (just) drop this?**
- ☐ **Can we please not do that again?**
- ☐ **Can we reschedule?**
- ☐ **Can we start over?**
- ☐ **Can you call me a cab?**
- ☐ **Can you elaborate?**
- ☐ **Can you give me a hand?**

STEP 2 | **QR** 찍고 **5번** 따라 읽고 **1번** 따라 쓰기(Writing)

5회 반복
학교 표준 영상

읽고 쓰는 능력과 함께 입과 귀도 터주는 대치동 기적의 중학영어 1800 통문장입니다. 먼저 **5회** 반복 학교 표준 영상을 틀고 다음 페이지로 넘어가 책을 보면서 **5번씩** 따라 읽기한 후, **1번씩** 따라 쓰세요. 대치동 기적의 중학영어 시리즈 3권에는 1800개 대화 세트 총 3600개의 통문장이 들어 있습니다.

0081 **(Um,) Can I borrow your phone?** 전화기 좀 빌릴 수 있어?

A: **Can I borrow your phone? Mine just died.**

Can I borrow your phone? Mine just died.

B: **Sure, here you go.**

A: 너 핸드폰 좀 빌려줄 수 있어? 내 거 꺼졌어.
B: 물론이지. 여기 있어.

0082 **Can I come in?** 들어가도 될까요?

A: **Can I come in?**

B: **Yep, the door's open.**

A: 들어가도 돼?
B: 응, 문 열려 있어.

0083 **Can I get a coffee?** 커피 한 잔 가져다줄 수 있나요?

A: **Can I get a coffee?**

B: **Sure! What kind of coffee do you want?**

A: 커피 하나 주세요.
B: 당연하죠! 어떤 커피를 드릴까요?

0084 **(Hey,) Can I get a ride?** 좀 태워줄 수 있어?

A: **I missed the bus! Can I get a ride?**

B: **Of course! Hop in, I'll give you a lift.**

A: 버스 놓쳤어! 태워줄 수 있어?
B: 물론이지! 얼른 타, 데려다줄게.

0085 Can I give you a ride home? 집까지 태워다 줄까?

A: I don't wanna walk.

B: Can I give you a ride home?

A: 걷기 싫어.
B: 내가 집까지 태워줄까?

영어에는 일상 대화나 노래, 문자, **SNS** 등에서 자주 쓰는 줄임말(축약형)이 많습니다. **wanna, gonna, gotta**처럼 구어체에서 흔하게 쓰이는 축약 표현들은 다음과 같습니다.

want to	wanna	I wanna eat.	ought to	oughta	You oughta know.
going to	gonna	I'm gonna go.	let me	lemme	Lemme see that.
got to	gotta	I gotta go.	give me	gimme	Gimme a break!

0086 Can I have a hug? 안아 봐도 되나요?

A: Can I have a hug?

B: Absolutely! Come here!

A: 안아 봐도 돼?
B: 당연하지! 이리 와!

0087 Can I say something? 내가 한 마디 해도 될까?

A: What do you think about this idea?

B: Can I say something? I have a suggestion.

A: 이 아이디어 어떻게 생각해?
B: 나 한 마디 해도 돼? 제안이
   하나 있어.

0088 Can I see you again? 제가 당신을 다시 볼 수 있을까요?

A: This was really fun. Can I see you again? I'd love to hang out more.

B: I had a great time, too! Yeah, let's definitely meet up again soon.

A: 오늘 진짜 재밌었어. 또 볼 수
   있을까? 같이 더 놀고 싶어.
B: 나도 진짜 즐거웠어! 당연하지,
   꼭 또 만나자.

0089 **Can I take a look?** 내가 한 번 봐도 될까?

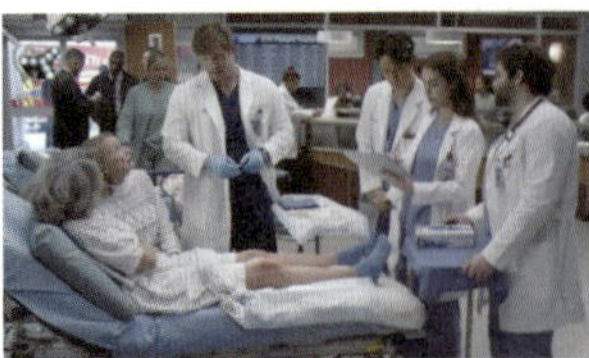

A: **What's that you're working on? Can I take a look? I'm curious.**

B: **Oh, it's just a project I'm working on for class. Sure, take a look!**

A: 지금 뭐 하고 있어? 나 좀 봐도 돼? 궁금해서.
B: 아, 이건 수업 프로젝트야. 물론, 봐도 돼!

0090 **Can I take a rain check?** 다음에 해도 될까? 미뤄도 될까요?

A: **Wanna grab dinner tonight?**

B: **I'm busy today. Can I take a rain check?**

A: 오늘 저녁 같이 먹을래?
B: 오늘은 바빠. 다음에 하면 안 될까?

Wanna grab dinner tonight?은 원래 **Do you wanna grab dinner tonight?**에서 **Do you**가 생략된 표현입니다. 일반적으로 **Do you, Are you, I am, It is** 등이 문장의 맨 앞에서 흔히 생략됩니다.

0091 **Can I talk to you for a second?** 잠깐 얘기 좀 할 수 있을까?

A: **Can I talk to you for a second?**

B: **Sure, what's up?**

A: 잠깐 얘기 좀 해도 될까?
B: 물론이지. 무슨 일이야?

0092 **Can I try it[this] on?** 이거 입어 봐도 되나요?

A: **I love this jacket! Can I try this on?**

B: **Of course! The fitting room is right over there. Go ahead and try it on!**

A: 이 재킷 너무 마음에 드는데요! 입어 봐도 되나요?
B: 물론이지요! 피팅룸은 저쪽입니다. 가서 입어 보세요!

0093 **Can it wait?** 그거 나중에 해도 돼?

A: **I need to talk to you.**

B: **I'm in the middle of something. Can it wait?**

A: 할 말이 있어.
B: 나 지금 바쁜데, 나중에 얘기해도 될까?

0094 **Can we (just) drop this?** 그 얘기 좀 그만할 수 있을까?

A: **Can we just drop this? It's not worth arguing over.**

B: **I don't wanna talk about it anymore, either.**

A: 그냥 이 얘기 그만하자. 이건 싸울 가치도 없어.
B: 나도 더는 얘기하고 싶지 않아.

0095 **Can we please not do that again?** 다시 그걸 하지 않도록 해 줄 수 있을까? 다시는 이런 걸 안 했으면 좋겠는데.

A: **Can we please not do that again?**

B: **Yeah, I'm sorry. That was a mistake.**

A: 우리 그거 다시는 하지 말자, 제발.
B: 응, 미안해. 그건 실수였어.

0096 **Can we reschedule?** 우리 약속 날짜 바꿔도 될까?

A: **I'm sorry, but something came up and I can't make it to the meeting.**

B: **No problem! Can we reschedule for tomorrow?**

A: 미안한데, 일이 생겨서 회의에 못 가.
B: 괜찮아! 내일로 다시 잡을 수 있을까?

0097 **Can we start over?** 우리 다시 시작할 수 있을까?

A: I think we should try again. Can we start over?

B: Sure, I think that's a good idea. Let's give it another shot.

A: 다시 시도해보자. 처음부터 다시 시작할 수 있을까?
B: 그래, 좋은 생각이야. 다시 해보자.

0098 **Can you call me a cab?** 택시 좀 불러줄 수 있어?

A: It's getting late. Can you call me a cab?

B: Sure! Where are you headed?

A: 이제 늦었어. 택시 좀 불러줄 수 있어?
B: 물론! 어디로 가는데?

0099 **Can you elaborate?** 자세히 설명해 주세요.

A: I think we need to make some changes.

B: Oh? Can you elaborate on that?

A: 우리 뭔가 바꿔야 할 것 같아.
B: 그래? 좀 더 자세히 말해줄 수 있어?

0100 **Can you give me a hand?** 좀 도와줄 수 있어?

A: I can't carry all of this. Can you give me a hand?

B: Of course! Let me help you with that.

A: 이거 혼자 못 들겠어. 좀 도와줄래?
B: 물론이지! 내가 도와줄게.

MAGIC 대기중, 입이 터지는 더빙(Dubbing)

QR을 찍고 사운드를 무음으로 만들어 소리가 안 들리게 한 상태에서, 영상만 보고 영상에 어울리는 말을 해 보세요! 교재에서 배웠던 대로 하지 않아도 됩니다. 상황에 어울리는 표현을 말하면 됩니다.

리얼 스피킹 연습
실제 영화 동영상

STEP 3 | 도전! 영화보고 받아쓰기(Dictation)

오늘 배운 표현을 확인하고 완전히 나의 것으로 만드는 시간입니다. **5회 반복 리얼 스피킹 연습** 실제 영화 동영상을 활용해 **STEP 3-1**과 **3-2**를 완성하세요.

리얼 스피킹 연습
실제 영화 동영상

STEP 3-1 빈칸에 정확한 표현을 Dictation 하세요.

☐ **(Um,) Can I __________ your __________?** 전화기 좀 빌릴 수 있어?

☐ **Can I __________ in?** 들어가도 될까요?

☐ **Can I get a __________?** 커피 한 잔 가져다줄 수 있나요?

☐ **(Hey,) Can I get a __________?** 좀 태워줄 수 있어?

☐ **Can I __________ you a __________ home?** 집까지 태워다 줄까?

☐ **Can I have a __________?** 안아 봐도 되나요?

☐ **Can I say __________?** 내가 한 마디 해도 될까?

☐ **Can I see you __________?** 제가 당신을 다시 볼 수 있을까요?

☐ **Can I take a __________?** 내가 한 번 봐도 될까?

☐ **Can I take a __________ __________?** 다음에 해도 될까? 미뤄도 될까요?

☐ **Can I __________ to you for a __________?** 잠깐 얘기 좀 할 수 있을까?

☐ **Can I __________ it[this] on?** 이거 입어 봐도 되나요?

☐ **Can it __________?** 그거 나중에 해도 돼?

☐ **Can we (just) __________ this?** 그 얘기 좀 그만할 수 있을까?

☐ **Can we __________ not do that __________?**
다시 그걸 하지 않도록 해 줄 수 있을까? 다시는 이런 걸 안 했으면 좋겠는데.

☐ **Can we __________?** 우리 약속 날짜 바꿔도 될까?

☐ **Can we __________ over?** 우리 다시 시작할 수 있을까?

☐ **Can you call me a __________?** 택시 좀 불러줄 수 있어?

☐ **Can you __________?** 자세히 설명해 주세요.

☐ **Can you __________ me a __________?** 좀 도와줄 수 있어?

STEP 3-2 빈칸에 다음 통문장의 의미를 한국어로 쓰세요.

- ☐ (Um,) Can I borrow your phone? _______________
- ☐ Can I come in? _______________
- ☐ Can I get a coffee? _______________
- ☐ (Hey,) Can I get a ride? _______________
- ☐ Can I give you a ride home? _______________
- ☐ Can I have a hug? _______________
- ☐ Can I say something? _______________
- ☐ Can I see you again? _______________
- ☐ Can I take a look? _______________
- ☐ Can I take a rain check? _______________
- ☐ Can I talk to you for a second? _______________
- ☐ Can I try it[this] on? _______________
- ☐ Can it wait? _______________
- ☐ Can we (just) drop this? _______________
- ☐ Can we please not do that again? _______________
- ☐ Can we reschedule? _______________
- ☐ Can we start over? _______________
- ☐ Can you call me a cab? _______________
- ☐ Can you elaborate? _______________
- ☐ Can you give me a hand? _______________

살아있는 애니메이션과 영화로 진짜 읽고, 쓰고, 듣고, 말하게 만들어
국제학교 학생들만큼 영어를 잘하게 해주는
대치동 기적의 중학영어 통문장 훈련
세상에 없던, 대한민국 유일의 주니어용 스피킹 & 리스닝 미드 교재

DAY
06
30 days

AI 학습자료와 인강 **youpass.co.kr**

STEP 1 | 무조건, **QR** 찍고 미드 듣고 따라 말하기(Speaking)

리얼 스피킹 연습
실제 영화 동영상

오늘 배울 표현을 미리 확인하고 나의 약점을 찾아보는 시간입니다. **5회** 반복 리얼 스피킹 연습 실제 영화 동영상을 보면서 먼저 모르는 표현에 체크를 해 보세요. 이것이 바로 **TV**, 영화, 드라마, 애니메이션 그리고 진짜 살아 있는 현실의 영어를 배울 수 있는 가장 좋은 시작입니다.

- ☐ **Can you hear me?**
- ☐ **Can you help me out?**
- ☐ **Can you keep a secret?**
- ☐ **Can you keep it down, please?**
- ☐ **Case closed.**
- ☐ **Cat got your tongue?**
- ☐ **Catch your breath, boy.**
- ☐ **Chill out. Chill out.**
- ☐ **Come again?**
- ☐ **Come along with me.**
- ☐ **(Now) Come forward. Come forward.**
- ☐ **Coming through. Coming through.**
- ☐ **Control your temper, sir.**
- ☐ **(Because it) Cost a pretty penny.**
- ☐ **Could you be more specific?**
- ☐ **Could you do me a favor?**
- ☐ **Couldn't be better.**
- ☐ **Count me in.**
- ☐ **Crisis averted.**
- ☐ **Cross your heart? Cross my heart.**

STEP 2 | **QR** 찍고 **5번** 따라 읽고 **1번** 따라 쓰기(Writing)

5회 반복
학교 표준 영상

읽고 쓰는 능력과 함께 입과 귀도 터주는 대치동 기적의 중학영어 1800 통문장입니다. 먼저 **5회** 반복 학교 표준 영상을 틀고 다음 페이지로 넘어가 책을 보면서 **5번씩** 따라 읽기한 후, **1번씩** 따라 쓰세요. 대치동 기적의 중학영어 시리즈 3권에는 1800개 대화 세트 총 3600개의 통문장이 들어 있습니다.

0101   **Can you hear me?** 내 말 들려?

A: I can't hear you well.

I can't hear you well.

B: Can you hear me now?

A: 잘 안 들려.
B: 지금은 들려?

0102   **Can you help me out?** 나 좀 도와줄 수 있어?

A: Can you help me out with this? I'm having trouble.

B: What's up?

A: 이것 좀 도와줄 수 있어? 잘
안 돼.
B: 뭐가 문제야?

0103   **Can you keep a secret?** 비밀 지켜줄래? 비밀로 해 줄래?

A: I have something to tell you. Can you keep a secret?

B: Of course! You can trust me. Spill it.

A: 너한테 말할 게 있어. 비밀 지
킬 수 있어?
B: 당연하지! 믿고 말해.

0104   **Can you keep it down, please?** 조용히 좀 해 줘.

A: I can't concentrate. Can you keep it down?

B: Sorry about that! I'll be quieter so you can focus.

A: 집중이 안 돼. 조용히 해줄래?
B: 미안! 집중할 수 있도록 조용히
할게.

0105 Case closed. 다 끝났어, 사건 종결이야.

A: Case closed.

B: Agreed. Let's move on to the next one.

A: 사건 종결.
B: 동의해. 다음으로 넘어가자.

0106 Cat got your tongue? 꿀 먹은 벙어리니? 말을 해 봐.

A: Why aren't you saying anything? Cat got your tongue?

B: Ha, no! Just thinking about how to respond.

A: 왜 아무 말도 안 해? 말문이 막힌 거야?
B: 하하, 아니야! 그냥 뭐라고 답할지 생각 중이었어.

"Cat got your tongue?"은 상대방이 갑자기 말을 못 하거나 말이 없을 때, 약간 장난스럽거나 따지듯이 묻는 표현입니다. 직역하면 "고양이가 네 혀라도 가져갔어?"라는 말이지만, 실제 의미는 "왜 말이 없어? 왜 가만히 있어?"입니다.

0107 Catch your breath, boy. 숨 좀 돌려, 좀 쉬어.

A: I'm exhausted after that run.

B: Catch your breath. You'll feel better in a minute.

A: 달리고 나니 너무 힘들어.
B: 숨 좀 돌려. 곧 괜찮아질 거야.

0108 Chill out. Chill out. 진정해 진정, 긴장 풀어.

A: Why are you so upset?

B: I don't know... I guess I just need to chill out and clear my head.

A: 왜 그렇게 화가 나 있어?
B: 나도 잘 모르겠어… 그냥 좀 진정하고 머리 식힐 필요가 있는 것 같아.

0109 Come again? 뭐라고요?

A: I didn't catch that. Come again?

B: Oops, my bad! I'll say it again, slowly.

A: 잘 못 들었어. 다시 말해줄래?
B: 아, 미안! 다시 천천히 말할게.

0110 Come along with me. 날 따라와.

A: The view from the top of this hill is amazing. Come along with me. I'll show you.

B: Sure, I'd love to see it!

A: 이 언덕 꼭대기에서 보는 경치 진짜 끝내줘. 같이 가자. 보여 줄게.
B: 좋아, 나도 보고 싶어!

0111 (Now) Come forward. Come forward. 앞으로 나와.

A: The police are asking witnesses to come forward.

B: I hope someone speaks up soon.

A: 경찰이 목격자들에게 진술을 요청하고 있어.
B: 누군가 곧 말해줬으면 좋겠다.

0112 Coming through. Coming through. 저 지나갈게요, 지나가요.

A: (I'm) Coming through. Excuse me.

B: Oh, sorry! Go ahead.

A: 지나갈게요. 실례합니다.
B: 아, 죄송해요! 지나가세요.

0113 **Control your temper, sir.** 성질 좀 죽여, 흥분 좀 하지 마.

A: I can't believe he said that to me! I'm going to let him have it!

B: Hey, control your temper. It's not worth getting that upset over.

A: 걔가 나한테 그런 말을 했다니 믿기지 않아! 가서 한마디 해야겠어!
B: 야, 진정해. 그렇게 화낼 일은 아니야.

"I'm going to let him have it!"는 말 그대로 해석하면 좀 애매하지만, 실제로는 강한 감정을 담은 구어체 표현입니다. 우리말로는 "그에게 한바탕 퍼붓겠어!", "가만두지 않겠어!", "따끔하게 혼내줄 거야!" 정도의 의미로 이해할 수 있습니다. 비슷한 표현으로는 **"I'm going to give him a piece of my mind."** (따끔하게 한마디 할 거야.) **"He's going to get it."** (혼쭐나게 될 거야.)과 같은 표현이 있습니다.

0114 **(Because it) Cost a pretty penny.** 큰 비용이 들었다, 돈이 상당히 많이 들었다.

A: How much was the new phone?

B: It cost a pretty penny, but totally worth it.

A: 새 핸드폰 얼마야?
B: 꽤 비쌌어. 그래도 돈 값은 해.

0115 **Could you be more specific?** 더 자세히 설명해 주실 수 있으세요?

A: I don't get what you mean. Could you be more specific? I'm not sure I follow.

B: Sure! What I'm saying is that we need to focus on the details before moving on to the next step. Does that make sense now?

A: 무슨 말인지 잘 모르겠어. 좀 더 구체적으로 말해줄 수 있어? 이해가 잘 안 돼.
B: 물론! 내 말은 다음 단계로 넘어가기 전에 디테일에 집중해야 한다는 거야. 이제 좀 이해 돼?

0116 **Could you do me a favor?** 부탁 하나 해도 될까요?

A: I need a little help. Could you do me a favor?

B: Of course! What do you need help with?

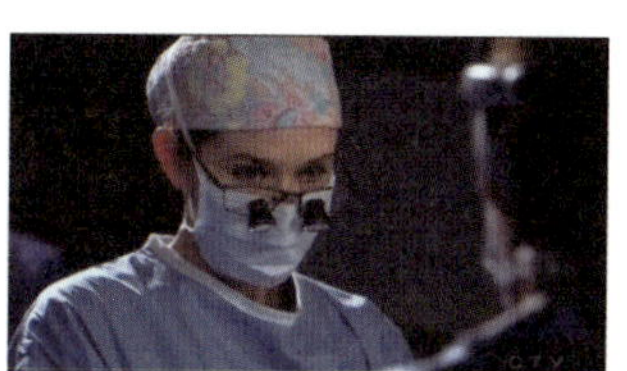

A: 나 좀 도와줘야겠어. 부탁 하나 들어줄 수 있어?
B: 물론이지! 뭘 도와주면 될까?

0117 **Couldn't be better.** 이보다 더 좋을 순 없어, 최고야.

A: **How's everything going? You seem pretty happy.**

B: **Couldn't be better! Things are going great.**

A: 요즘 어때? 되게 행복해 보이
네.
B: 완전 좋아! 모든 게 잘 되고 있
어.

0118 **Count me in.** 나도 껴줘, 나도 할래.

A: **Do you wanna come to the party?**

B: **Count me in! I wouldn't miss it.**

A: 파티 갈래?
B: 나도 끼워줘! 절대 안 빠질 거
야.

0119 **Crisis averted.** 위기를 모면했어, 한 숨 돌렸어.

A: **Phew, we almost missed the deadline!**

B: **Crisis averted! We made it just in time.**

A: 하, 우리 마감 시간 거의 놓칠
뻔했어!
B: 위기 모면! 딱 맞춰 끝냈네.

0120 **Cross your heart? Cross my heart.** 맹세해? 가슴에 손을 얹고 맹세해.

A: **Promise you won't tell anyone? This has to stay between us.**

B: **Cross my heart. Your secret's safe with me.**

A: 아무한테도 말하지 않겠다고
약속해줘. 이건 우리끼리만 아
는 거야.
B: 맹세할게. 네 비밀은 꼭 지킬
게.

MAGIC 대기중, 입이 터지는 더빙(Dubbing)

QR을 찍고 사운드를 무음으로 만들어 소리가 안 들리게 한 상태에서, 영상만 보고 영상에 어울리는 말을 해 보세요! 교재에서 배웠던 대로 하지 않아도 됩니다. 상황에 어울리는 표현을 말하면 됩니다.

STEP 3 | 도전! 영화보고 받아쓰기(Dictation)

오늘 배운 표현을 확인하고 완전히 나의 것으로 만드는 시간입니다. 5회 반복 리얼 스피킹 연습 실제 영화 동영상을 활용해 **STEP 3-1**과 **3-2**를 완성하세요.

STEP 3-1 빈칸에 정확한 표현을 Dictation 하세요.

- [ ] **Can you __________ me?** 내 말 들려?
- [ ] **Can you __________ me out?** 나 좀 도와줄 수 있어?
- [ ] **Can you keep a __________?** 비밀 지켜줄래? 비밀로 해 줄래?
- [ ] **Can you keep it __________, please?** 조용히 좀 해 줘.
- [ ] **__________ closed.** 다 끝났어, 사건 종결이야..
- [ ] **__________ got your __________?** 꿀 먹은 벙어리니? 말을 해 봐.
- [ ] **__________ your __________, boy.** 숨 좀 돌려, 좀 쉬어.
- [ ] **__________ out. __________ out.** 진정해 진정, 긴장 풀어.
- [ ] **__________ again?** 뭐라고요?
- [ ] **Come __________ with me.** 날 따라와.
- [ ] **(Now) Come __________. Come __________.** 앞으로 나와.
- [ ] **Coming __________. Coming __________.** 저 지나갈게요, 지나가요.
- [ ] **__________ your __________, sir.** 성질 좀 죽여, 흥분 좀 하지 마.
- [ ] **(Because it) Cost a __________ __________.** 큰 비용이 들었다, 돈이 상당히 많이 들었다.
- [ ] **Could you be more __________?** 더 자세히 설명해 주실 수 있으세요?
- [ ] **Could you do me a __________?** 부탁 하나 해도 될까요?
- [ ] **__________ be better.** 이보다 더 좋을 순 없어, 최고야.
- [ ] **__________ me in.** 나도 껴줘, 나도 할래.
- [ ] **__________ averted.** 위기를 모면했어, 한 숨 돌렸어.
- [ ] **__________ your heart? __________ my heart.** 맹세해? 가슴에 손을 얹고 맹세해.

STEP 3-2 빈칸에 다음 통문장의 의미를 한국어로 쓰세요.

- ☐ **Can you hear me?** __________________
- ☐ **Can you help me out?** __________________
- ☐ **Can you keep a secret?** __________________
- ☐ **Can you keep it down, please?** __________________
- ☐ **Case closed.** __________________
- ☐ **Cat got your tongue?** __________________
- ☐ **Catch your breath, boy.** __________________
- ☐ **Chill out. Chill out.** __________________
- ☐ **Come again?** __________________
- ☐ **Come along with me.** __________________
- ☐ **(Now) Come forward. Come forward.**

  ____

- ☐ **Coming through. Coming through.** __________________
- ☐ **Control your temper, sir.** __________________
- ☐ **(Because it) Cost a pretty penny.** __________________
- ☐ **Could you be more specific?** __________________
- ☐ **Could you do me a favor?** __________________
- ☐ **Couldn't be better.** __________________
- ☐ **Count me in.** __________________
- ☐ **Crisis averted.** __________________
- ☐ **Cross your heart? Cross my heart.**

  ____

살아있는 애니메이션과 영화로 진짜 읽고, 쓰고, 듣고, 말하게 만들어
국제학교 학생들만큼 영어를 잘하게 해주는
대치동 기적의 중학영어 통문장 훈련
세상에 없던, 대한민국 유일의 주니어용 스피킹 & 리스닝 미드 교재

DAY

30 days

AI 학습자료와 인강 *youpass.co.kr*

STEP 1 | 무조건, **QR** 찍고 미드 듣고 따라 말하기(Speaking)

리얼 스피킹 연습
실제 영화 동영상

오늘 배울 표현을 미리 확인하고 나의 약점을 찾아보는 시간입니다. 5회 반복 리얼 스피킹 연습 실제 영화 동영상을 보면서 먼저 모르는 표현에 체크를 해 보세요. 이것이 바로 **TV**, 영화, 드라마, 애니메이션 그리고 진짜 살아 있는 현실의 영어를 배울 수 있는 가장 좋은 시작입니다.

- [ ] **Cry me a river.**
- [ ] **Curiosity killed the cat.**
- [ ] **Cut it out!**
- [ ] **Deal with it.**
- [ ] **Did I fall asleep?**
- [ ] **Did I (just) say that out loud?**
- [ ] **Did I wake you?**
- [ ] **Did you get hurt?**
- [ ] **Did you get my text?**
- [ ] **Did you have fun?**
- [ ] **Did you lose weight?**
- [ ] **Did you say yes?**
- [ ] **Did you sleep well?**
- [ ] **Did you take your pills?**
- [ ] **Diet starts tomorrow.**
- [ ] **Dinner is ready.**
- [ ] **Dinner's on me.**
- [ ] **Do as I say, not as I do.**
- [ ] **Do I have a fever?**
- [ ] **(Okay,) Do I have anything to worry about here?**

STEP 2 | **QR** 찍고 5번 따라 읽고 1번 따라 쓰기(Writing)

5회 반복
학교 표준 영상

읽고 쓰는 능력과 함께 입과 귀도 터주는 대치동 기적의 중학영어 1800 통문장입니다. 먼저 5회 반복 학교 표준 영상을 틀고 다음 페이지로 넘어가 책을 보면서 **5번씩 따라 읽기**한 후, **1번씩 따라 쓰세요**. 대치동 기적의 중학영어 시리즈 3권에는 **1800개 대화 세트 총 3600개의** 통문장이 들어 있습니다.

0121 Cry me a river. 불평 좀 그만해.

A: This isn't fair! I worked just as hard as everyone else.

This isn't fair! I worked just as hard as everyone else.

B: Oh, cry me a river. Life's not always fair. Deal with it.

A: 이건 불공평해! 나도 다른 사람들만큼 열심히 일했어.
B: 아, 그만 좀 징징대. 인생이 항상 공평하진 않아. 받아들여.

"Cry me a river"는 짧지만 비꼬는 말투로 감정을 쏘아붙일 때 쓰는 아주 유명한 관용 표현입니다. 우리말로 번역하면 "울든지 말든지. 난 신경 안 써." "짜증 그만 내. 동정 안 해." "아 제발, 울고 말든가." "그만 징징대." 정도의 의미로 이해됩니다. 즉, 상대방이 징징거리거나 불평할 때, 동정은 커녕 냉소적으로 무시하는 표현입니다.

0122 Curiosity killed the cat. 알려고 하지 마, 지나친 호기심은 독이야.

A: I wonder what's inside.

B: Curiosity killed the cat.

A: 안에 뭐가 있을까 궁금해.
B: 호기심이 고양이를 죽인다고 하잖아.

0123 Cut it out! 그만 좀 해! 하지 마!

A: Stop teasing me. Cut it out! You're being rude.

B: Haha, alright, alright! I'll stop. No more teasing.

A: 그만 놀려. 이제 그만해! 무례하게 굴고 있어.
B: 하하, 알겠어, 알겠어! 그만할게. 더 이상 안 놀릴게.

0124 Deal with it. 견뎌, 받아들여, 참아.

A: I'm really not happy about this.

B: Deal with it. Sometimes things don't go our way.

A: 이건 정말 마음에 안 들어.
B: 받아들여. 가끔은 일이 원하는 대로 되지 않아.

0125 Did I fall asleep? 나 잠들었었어?

A: You were snoring.

B: Did I fall asleep? I didn't even realize!

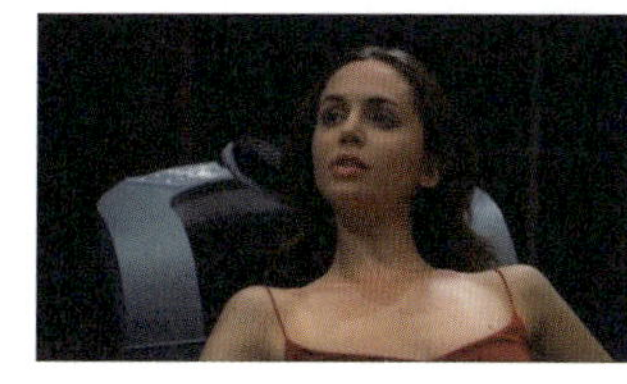

A: 너 코 골았어.
B: 내가 잠들었었나? 전혀 몰랐어!

0126 Did I (just) say that out loud? 내가 너무 크게 말했나?

A: This movie is so boring. Did I just say that out loud?

B: Hehe, I'm pretty sure the couple in front heard you.

A: 이 영화 진짜 지루하다. 나 지금 너무 큰 소리로 말했나?
B: ㅋㅋ, 앞에 앉은 커플이 분명히 다 들은 것 같아.

0127 Did I wake you? 내가 너 깨운 건가?

A: I just woke up.

B: Oh, did I wake you? Sorry about that. I didn't mean to disturb you.

A: 방금 일어났어.
B: 아, 내가 깨웠나? 미안해. 방해할 생각은 없었어.

woke은 wake의 과거형입니다. 불규칙 동사의 동사 변화표는 자연스럽게 입으로 스피킹할 수 있도록 반드시 훈련해야 하는 기본과정입니다. 대치동 기적의 초등영어 통문장 **1800** 시리즈 교재에 정리되어 있는 불규칙동사 변화표를 원어민 **QR** 영상을 이용해 반드시 정확히 익혀 두어야 합니다.

0128 Did you get hurt? 너 다친 거야?

A: What happened? Did you get hurt?

B: No, I'm okay. Just a small bruise, nothing to worry about.

A: 무슨 일이야? 다친 거야?
B: 아니, 괜찮아. 그냥 작은 멍이야, 걱정할 거 없어.

0129   **Did you get my text?** 내 문자 받았어?

A: Did you get my text about the plans?

B: Yes, I got it! I'm all set for the plans.

A: 계획에 대한 내 문자 받았어?
B: 응, 받았어! 계획대로 준비 완료야.

0130   **Did you have fun?** 재밌었어?

A: How was your day? Did you have fun today?

B: Yeah, it was great! I had a lot of fun today.

A: 오늘 어땠어? 재미있었어?
B: 응, 정말 좋았어! 오늘 정말 재미있었어.

0131   **Did you lose weight?** 너 살 뺀 거야?

A: You look different. Did you lose weight?

B: Yeah, I've been working out and eating healthier.

A: 너 좀 달라 보여. 살 뺐어?
B: 응, 운동하고 식단 조절했어.

0132   **Did you say yes?** 너 수락했어? 너 하겠다고 했어?

A: He asked me out.

B: Did you say yes? What did you say?

A: 그가 나한테 데이트 신청했어.
B: 그래서 수락했어? 뭐라고 했어?

0133 **Did you sleep well?** 잘 잤니?

A: Did you sleep well last night?

B: Yeah, I slept really well, thanks for asking!

A: 어젯밤에 잘 잤어?
B: 응, 정말 잘 잤어. 물어봐 줘서 고마워!

0134 **Did you take your pills?** 약은 먹었니?

A: I feel sick.

B: Did you take your pills?

A: 몸이 안 좋아.
B: 약은 먹었어?

0135 **Diet starts tomorrow.** 다이어트는 내일부터 하면 돼.

A: Are you really eating another slice?

B: Yep! Diet starts tomorrow.

A: 또 한 조각 더 먹는 거야?
B: 응! 다이어트는 내일부터.

0136 **Dinner is ready.** 저녁 준비 다 됐어.

A: I'm starving.

B: Dinner is ready. Come to the table!

A: 배고파 죽겠어.
B: 저녁 준비됐어. 식탁으로 와!

0137 Dinner's on me. 저녁은 내가 살게.

A: Dinner's on me.

B: Oh, thank you! That's really kind of you, but let me pay my share.

A: 저녁은 내가 살게.
B: 오, 고마워! 정말 친절하네, 하지만 내 몫은 내가 낼게.

0138 Do as I say, not as I do. 내가 말하는 대로 해, 내가 시키는 대로 해.

A: Why do I have to do this?

B: Do as I say, not as I do.

A: 왜 내가 이걸 해야 해?
B: 내가 하는 대로가 아니라, 말하는 대로 그냥 시키면 해.

0139 Do I have a fever? 나 열나?

A: I feel hot. Do I have a fever?

B: Let me check.

A: 몸이 뜨거워. 열이 있는 걸까?
B: 확인해 볼게.

0140 (Okay,) Do I have anything to worry about here? 여기서 내가 신경 써야 할 게 있어.

A: Do I have anything to worry about here?

B: Well, there have been a few issues with the project, but we're handling it.

A: 여기서 내가 걱정할 게 있을까?
B: 글쎄, 프로젝트에 몇 가지 문제가 있었지만, 우리가 처리하고 있어.

MAGIC 대기중, 입이 터지는 더빙(Dubbing)

QR을 찍고 사운드를 무음으로 만들어 소리가 안 들리게 한 상태에서, 영상만 보고 영상에 어울리는 말을 해 보세요! 교재에서 배웠던 대로 하지 않아도 됩니다. 상황에 어울리는 표현을 말하면 됩니다.

STEP 3 | 도전! 영화보고 받아쓰기(Dictation)

오늘 배운 표현을 확인하고 완전히 나의 것으로 만드는 시간입니다. **5회 반복 리얼 스피킹 연습 실제 영화 동영상을 활용해 STEP 3-1과 3-2를** 완성하세요.

STEP 3-1 빈칸에 정확한 표현을 Dictation 하세요.

- ☐ **Cry me a ___________.** 불평 좀 그만해.

- ☐ **___________ killed the cat.** 알려고 하지 마, 지나친 호기심은 독이야.

- ☐ **___________ it out!** 그만 좀 해! 하지 마!

- ☐ **___________ with it.** 견뎌, 받아들여, 참아.

- ☐ **Did I fall ___________?** 나 잠들었었어?

- ☐ **Did I (just) say that out ___________?** 내가 너무 크게 말했나?

- ☐ **Did I ___________ you?** 내가 너 깨운 건가?

- ☐ **Did you get ___________?** 너 다친 거야?

- ☐ **Did you get my ___________?** 내 문자 받았어?

- ☐ **Did you have ___________?** 재밌었어?

- ☐ **Did you lose ___________?** 너 살 뺀 거야?

- ☐ **Did you ___________ yes?** 너 수락했어? 너 하겠다고 했어?

- ☐ **Did you ___________ well?** 잘 잤니?

- ☐ **Did you take your ___________?** 약은 먹었니?

- ☐ **___________ ___________ tomorrow.** 다이어트는 내일부터 하면 돼.

- ☐ **___________ is ready.** 저녁 준비 다 됐어.

- ☐ **___________ on me.** 저녁은 내가 살게.

- ☐ **Do as I ___________, not as I do.** 내가 말하는 대로 해, 내가 시키는 대로 해.

- ☐ **Do I have a ___________?** 나 열나?

- ☐ **(Okay,) Do I have anything to ___________ about here?** 여기서 내가 신경 써야 할 게 있어.

STEP 3-2 빈칸에 다음 통문장의 의미를 한국어로 쓰세요.

☐ Cry me a river.

☐ Curiosity killed the cat.

☐ Cut it out!

☐ Deal with it.

☐ Did I fall asleep?

☐ Did I (just) say that out loud?

☐ Did I wake you?

☐ Did you get hurt?

☐ Did you get my text?

☐ Did you have fun?

☐ Did you lose weight?

☐ Did you say yes?

☐ Did you sleep well?

☐ Did you take your pills?

☐ Diet starts tomorrow.

☐ Dinner's on me.

☐ Do as I say, not as I do.

☐ Do I have a fever?

☐ (Okay,) Do I have anything to worry about here?

살아있는 애니메이션과 영화로 진짜 읽고, 쓰고, 듣고, 말하게 만들어
국제학교 학생들만큼 영어를 잘하게 해주는
대치동 기적의 중학영어 통문장 훈련
세상에 없던, 대한민국 유일의 주니어용 스피킹 & 리스닝 미드 교재

DAY 08

30 days

AI 학습자료와 인강 **youpass.co.kr**

STEP 1 | 무조건, **QR** 찍고 미드 듣고 따라 말하기(Speaking)

리얼 스피킹 연습
실제 영화 동영상

오늘 배울 표현을 미리 확인하고 나의 약점을 찾아보는 시간입니다. 5회 반복 리얼 스피킹 연습 실제 영화 동영상을 보면서 먼저 모르는 표현에 체크를 해 보세요. 이것이 바로 **TV**, 영화, 드라마, 애니메이션 그리고 진짜 살아 있는 현실의 영어를 배울 수 있는 가장 좋은 시작입니다.

- ☐ **Do I have to spell it out?**
- ☐ **Do I really have to do this[it]?**
- ☐ **Do I know you? You look familiar.**
- ☐ **Do not follow me.**
- ☐ **Do the math.**
- ☐ **Do you have a receipt?**
- ☐ **Do you have a reservation?**
- ☐ **Do you have any idea how hard it is?**
- ☐ **(Do you...) Do you have any idea how that makes me feel?**
- ☐ **Do you have any plans?**
- ☐ **Do you have any siblings?**
- ☐ **Do you have feelings for her?**
- ☐ **Do you know where it is?**
- ☐ **Do you mind if I join you?**
- ☐ **Do you mind if I sit?**
- ☐ **Do you speak English?**
- ☐ **(You, uh...) Do you wanna grab a bite?**
- ☐ **(Well, great.) Do you wanna watch a movie?**
- ☐ **Do you want my help or not?**
- ☐ **(Oh, so,) Do you work out?**

STEP 2 | **QR** 찍고 5번 따라 읽고 1번 따라 쓰기(Writing)

5회 반복
학교 표준 영상

읽고 쓰는 능력과 함께 입과 귀도 터주는 대치동 기적의 중학영어 1800 통문장입니다. 먼저 5회 반복 학교 표준 영상을 틀고 다음 페이지로 넘어가 책을 보면서 5번씩 따라 읽기한 후, 1번씩 따라 쓰세요. 대치동 기적의 중학영어 시리즈 3권에는 1800개 대화 세트 총 3600개의 통문장이 들어 있습니다.

0141 **Do I have to spell it out?** 하나부터 열까지 다 말해줘야 해?

A: **Are you mad at me?**

Are you mad at me?

B: **Yes! Yes! Yes! Do I have to spell it out?**

A: 나한테 화났어?
B: 그래! 그래! 그래! 내가 일일이 설명해야 해?

0142 **Do I really have to do this[it]?** 내가 꼭 해야 해?

A: **Can you clean your room?**

B: **Ugh, do I really have to do it right now?**

A: 방 좀 치워줄래?
B: 으, 지금 꼭 해야 해?

0143 **Do I know you? You look familiar.** 저 아세요?

A: **Do I know you? You look familiar.**

B: **I was thinking the same thing! Maybe we've met before.**

A: 너 어디서 본 적 있는 것 같아.
B: 나도 같은 생각이야! 아마 전에 만난 적 있을 거야.

0144 **Do not follow me.** 나 따라오지 마.

A: **I'm just trying to help!**

B: **I get it, but please just leave me alone. Do not follow me.**

A: 난 그냥 도와주려고 했어!
B: 알겠어, 하지만 제발 나 좀 혼자 있게 해줘. 따라오지 마.

0145 **Do the math.** 잘 생각해 봐, 따져봐, 머리 좀 써.

A: **If we split the bill, how much do I owe you?**

B: **It's $20 each. Do the math.**

A: 계산을 나누면, 내가 얼마나 내야 해?
B: 각자 20 달러씩이야. 계산해봐.

0146 **Do you have a receipt?** 영수증 있나요?

A: **I need to return this item.**

B: **Do you have a receipt for the return?**

A: 이거 반품하고 싶어요.
B: 영수증 있으세요?

0147 **Do you have a reservation?** 예약하셨나요?

A: **We need a table, please.**

B: **Sure! Do you have a reservation?**

A: 테이블 하나 필요해요.
B: 물론이죠! 예약하셨나요?

0148 **Do you have any idea how hard it is?** 이게 얼마나 힘든 일인 줄 알아?

A: **I can't believe you're still working on that project. Isn't it just a simple report?**

B: **Do you have any idea how hard it is? It's way more complicated than it looks.**

A: 아직도 그 프로젝트 하고 있어? 그냥 간단한 보고서 아니야?
B: 이게 얼마나 어려운지 알아? 보기보다 훨씬 복잡해.

"way more"는 뒤에 있는 어구를 강하게 강조할 때 쓰는 아주 일상적인 구어체 표현입니다. 우리말의 뜻은 "훨씬 더", "압도적으로 더" 정도의 의미입니다. 비슷한 표현으로는 **much more, far more, a lot more, loads more** 등이 있습니다.

0149 **(Do you...) Do you have any idea how that makes me feel?** 그게 내 기분을 얼마나 아프게 하는지 알아?

A: I was just joking. I didn't think it was a big deal.

B: Do you have any idea how that makes me feel? It's not funny to me.

A: 그냥 농담이었어. 별일 아니라고 생각했어.
B: 그게 나한테 어떤 기분인지 알아? 나한텐 웃긴 일이 아니야.

0150 **Do you have any plans?** 너 약속 있어?

A: What's the plan for tonight? Do you have any plans?

B: I was thinking about catching a movie later.

A: 오늘 밤 계획이 뭐야?
B: 영화 보러 갈까 생각 중이야.

0151 **Do you have any siblings?** 형제자매가 있어?

A: Do you have any siblings?

B: Nope, I'm an only child.

A: 형제자매 있어?
B: 아니, 외동이야.

0152 **Do you have feelings for her?** 그녀에게 관심 있어?

A: I think you two are close. Do you have feelings for her?

B: I do care about her a lot, but I'm not sure if it's more than just friendship.

A: 너희 둘 되게 친해 보이더라. 혹시 그녀한테 마음 있어?
B: 그녀를 정말 아끼긴 해. 근데 그 이상인지는 잘 모르겠어.

0153 **Do you know where it is?** 그거 어디 있는지 알아?

A: I can't find it. Do you know where it is?

B: I'll help you look.

A: 못 찾겠어. 어디 있는지 알아?
B: 같이 찾아보자.

대화에서 **B**의 **I'll help you look.**이라는 표현은 완전히 괜찮고 자연스럽게 들립니다. 특히 구어체에서는 이렇게 말합니다. 이때 **"I'll help you look for."**라고 말하면 목적어가 없으면 어색하므로 이건 피해야 합니다. 왜 괜찮고 자연스러울까요? 앞에서 이미 **"it"**이 언급되었기 때문에, **"look"**만 써도 무엇을 찾는지 명확하게 전달 되서 그렇습니다. 즉, **"look"**은 여기서 **"look for it"**를 줄여 쓴 말처럼 이해됩니다. 네이티브들은 일상 대화에서 불필요하게 반복되는 표현을 피하기 위해 간결하게 말하는 경향이 있습니다. 정리하자면 **"I'll help you look."**은 구어체에서 자연스럽고 괜찮고, **"I'll help you look for it."**은 좀 더 완전한 문장 형태로, 특히 글쓰기나 포멀한 상황에서 좋으며, **"I'll help you look for."**는 매우 어색합니다.

0154 **Do you mind if I join you?** 내가 같이 해도 괜찮을까요?

A: Is this seat taken? Do you mind if I join you?

B: No, not at all! Please, have a seat. I'd be happy to have some company.

A: 여기 자리 있어요? 같이 앉아도 될까요?
B: 네, 편하게 앉으세요. 같이 있으면 저도 좋죠.

"Do you mind if I join you?" 문장에서 **mind**는 바로 "꺼리다, 싫어하다"의 의미입니다. **"Do you mind if I join you?"** 전체 문장의 해석은 "내가 같이 해도 괜찮을까? 내가 합석해도 괜찮아? (내가 너랑 같이 하는 걸 너는 꺼리니?)"입니다. 대답할 때 주의할 점은 이 표현이 부정형 질문이라 **"No."**라고 대답하면 긍정적인 뜻이 된다는 것입니다. **"No, I don't mind."**는 "아니, 괜찮아. 함께해도 돼."의 의미이며, **"Yes, I mind."** 는 "응, 싫어. (꺼려, 하지 마, 넌 안 돼)"의 의미가 됩니다.

0155 **Do you mind if I sit?** 합석해도 될까요? 여기 앉아도 될까요?

A: Excuse me, do you mind if I sit here?

B: No problem, have a seat.

A: 실례지만 여기 앉아도 될까요?
B: 문제없어요, 앉으세요.

0156 **Do you speak English?** 영어 하세요?

A: Can you help me? Do you speak English? I need some assistance.

B: Yes, I speak English! How can I help you?

A: 저 좀 도와줄 수 있나요? 영어 하세요? 도움이 좀 필요해요.
B: 네, 영어해요! 뭘 도와드릴까요?

0157 (You, uh...) Do you wanna grab a bite? 간단히 뭐 좀 먹을래?

A: I'm hungry.

B: Do you wanna grab a bite? I know a good place.

A: 배고파.
B: 뭐 먹으러 갈래? 좋은 데 알아.

0158 (Well, great.) Do you wanna watch a movie? 영화 볼래?

A: I'm in the mood for something fun.

B: Do you wanna watch a movie?

A: 뭔가 재미있는 게 하고 싶어.
B: 영화 볼래?

0159 Do you want my help or not? 도와줘 아니면 말아?

A: I'm not sure if I need anything.

B: Do you want my help or not? I can make things easier.

A: 뭐가 필요한지 잘 모르겠어.
B: 내 도움이 필요한 거야, 아닌 거야? 내가 도와줄 수 있어.

0160 (Oh, so,) Do you work out? 너 운동하니?

A: You look really fit. Do you work out?

B: Thanks! Yeah, I try to work out regularly to stay in shape.

A: 몸 되게 좋아 보인다. 운동해?
B: 고마워! 응, 몸매 유지하려고 꾸준히 운동해.

MAGIC  대기중, 입이 터지는 더빙(Dubbing)

QR을 찍고 사운드를 무음으로 만들어 소리가 안 들리게 한 상태에서, 영상만 보고 영상에 어울리는 말을 해 보세요! 교재에서 배웠던 대로 하지 않아도 됩니다. 상황에 어울리는 표현을 말하면 됩니다.

리얼 스피킹 연습
실제 영화 동영상

STEP 3 | 도전! 영화보고 받아쓰기(Dictation)

오늘 배운 표현을 확인하고 완전히 나의 것으로 만드는 시간입니다. 5회 반복 리얼 스피킹 연습 실제 영화 동영상을 활용해 **STEP 3-1**과 **3-2**를 완성하세요.

리얼 스피킹 연습
실제 영화 동영상

STEP 3-1 빈칸에 정확한 표현을 Dictation 하세요.

☐ **Do I have to __________ it out?** 하나부터 열까지 다 말해줘야 해?

☐ **Do I __________ have to do this[it]?** 내가 꼭 해야 해?

☐ **Do I __________ you? You look __________.** 저 아세요?

☐ **Do not __________ me.** 나 따라오지 마.

☐ **Do the __________.** 잘 생각해 봐, 따져봐, 머리 좀 써.

☐ **Do you have a __________?** 영수증 있나요?

☐ **Do you have a __________?** 예약하셨나요?

☐ **Do you have any __________ how hard it is?** 이게 얼마나 힘든 일인 줄 알아?

☐ **(Do you...) Do you have any idea how that makes me __________?**
그게 내 기분을 얼마나 아프게 하는지 알아?

☐ **Do you have any __________?** 너 약속 있어?

☐ **Do you have any __________?** 형제자매가 있어?

☐ **Do you have __________ for her?** 그녀에게 관심 있어?

☐ **Do you know __________ it is?** 그거 어디 있는지 알아?

☐ **Do you __________ if I join you?** 내가 같이 해도 괜찮을까요?

☐ **Do you __________ if I sit?** 합석해도 될까요? 여기 앉아도 될까요?

☐ **Do you __________ English?** 영어 하세요?

☐ **(You, uh...) Do you wanna __________ a bite?** 간단히 뭐 좀 먹을래?

☐ **(Well, great.) Do you wanna __________ a movie?** 영화 볼래?

☐ **Do you want my __________ or not?** 도와줘 아니면 말아?

☐ **(Oh, so,) Do you __________ out?** 너 운동하니?

STEP 3-2 빈칸에 다음 통문장의 의미를 한국어로 쓰세요.

- [ ] **Do I have to spell it out?** ___________________
- [ ] **Do I really have to do this[it]?** ___________________
- [ ] **Do I know you? You look familiar.** ___________________
- [ ] **Do not follow me.** ___________________
- [ ] **Do the math.** ___________________
- [ ] **Do you have a receipt?** ___________________
- [ ] **Do you have a reservation?** ___________________
- [ ] **Do you have any idea how hard it is?** ___________________

- [ ] **(Do you...) Do you have any idea how that makes me feel?** ___________________

- [ ] **Do you have any plans?** ___________________
- [ ] **Do you have any siblings?** ___________________
- [ ] **Do you have feelings for her?** ___________________
- [ ] **Do you know where it is?** ___________________
- [ ] **Do you mind if I join you?** ___________________
- [ ] **Do you mind if I sit?** ___________________
- [ ] **Do you speak English?** ___________________
- [ ] **(You, uh...) Do you wanna grab a bite?** ___________________

- [ ] **(Well, great.) Do you wanna watch a movie?** ___________________

- [ ] **Do you want my help or not?** ___________________
- [ ] **(Oh, so,) Do you work out?** ___________________

살아있는 애니메이션과 영화로 진짜 읽고, 쓰고, 듣고, 말하게 만들어
국제학교 학생들만큼 영어를 잘하게 해주는
대치동 기적의 중학영어 통문장 훈련
세상에 없던, 대한민국 유일의 주니어용 스피킹 & 리스닝 미드 교재

AI 학습자료와 인강 **youpass.co.kr**

STEP 1 | 무조건, **QR** 찍고 미드 듣고 따라 말하기(Speaking)

리얼 스피킹 연습
실제 영화 동영상

오늘 배울 표현을 미리 확인하고 나의 약점을 찾아보는 시간입니다. **5**회 반복 리얼 스피킹 연습 실제 영화 동영상을 보면서 먼저 모르는 표현에 체크를 해 보세요. 이것이 바로 **TV**, 영화, 드라마, 애니메이션 그리고 진짜 살아 있는 현실의 영어를 배울 수 있는 가장 좋은 시작입니다.

- ☐ **(Go) Do your homework.**
- ☐ **Do your worst.**
- ☐ **Does it come in black?**
- ☐ **Does that make sense?**
- ☐ **Don't be a hero.**
- ☐ **Don't be a party pooper.**
- ☐ **Don't be a stranger.**
- ☐ **Don't be ridiculous.**
- ☐ **Don't be silly.**
- ☐ **Don't be so modest, Lisa.**
- ☐ **Don't be so sure.**
- ☐ **Don't be such a chicken.**
- ☐ **Don't be too coy.**
- ☐ **Don't beat yourself up.**
- ☐ **Don't blame yourself.**
- ☐ **Don't bother.**
- ☐ **Don't count on it.**
- ☐ **Don't cut corners.**
- ☐ **Don't deny it.**
- ☐ **Don't (ever) do that again.**

STEP 2 | **QR** 찍고 **5**번 따라 읽고 **1**번 따라 쓰기(Writing)

5회 반복
학교 표준 영상

읽고 쓰는 능력과 함께 입과 귀도 터주는 대치동 기적의 중학영어 **1800** 통문장입니다. 먼저 **5**회 반복 학교 표준 영상을 틀고 다음 페이지로 넘어가 책을 보면서 **5**번씩 따라 읽기한 후, **1**번씩 따라 쓰세요. 대치동 기적의 중학영어 시리즈 3권에는 **1800**개 대화 세트 총 **3600**개의 통문장이 들어 있습니다.

0161 **(Go) Do your homework.** 숙제해라.

A: Can we do something fun?

Can we do something fun?

B: Do your homework first, then we can hang out.

A: 우리 뭐 재밌는 거 할 수 있을까?
B: 숙제 먼저 해. 그러고 난 다음에 놀자.

0162 **Do your worst.** 최악으로 굴어봐, 맘껏 덤벼봐.

A: I'm gonna beat you at this game.

B: Go ahead. Do your worst.

A: 이 게임에서 너 이길 거야.
B: 그래, 어디 한번 해봐.

"Do your worst."와 **"Do your best."**는 비슷해 보여도 의미는 완전히 반대인 표현입니다. 둘 다 명령문이지만 말하는 사람의 태도와 맥락이 완전히 다릅니다. **"Do your best."**는 "최선을 다해.", "힘껏 해봐."의 의미로 쓰이는 격려, 응원, 조언의 말입니다. 그러나 **"Do your worst."**는 "할 테면 해 봐라.", "네가 할 수 있는 최악을 해 봐라."의 의미로 쓰이는 표현으로 도전적이거나 비꼬는 말투, 또는 겁먹지 않겠다는 자신감의 표현입니다.

0163 **Does it come in black?** 검정색도 있나요?

A: I like this jacket. Does it come in black?

B: Yes, it does! We've got it in black too.

A: 이 재킷 마음에 드는데요. 검은색도 있나요?
B: 그럼요, 검은색도 역시 있어요!

0164 **Does that make sense?** 이해되니?

A: We need to finish this report by Friday, but we also have other tasks to handle in between. Does that make sense?

B: Hmm, that sounds like a lot to manage. But yeah, I get it.

A: 금요일까지 이 보고서 끝내야 하는데 중간에 다른 일도 많아. 이해돼?
B: 음, 처리할 게 많네. 근데 응, 무슨 말인지 알겠어.

0165 **Don't be a hero.** 함부로 행동하지 마, 나서지 마, 영웅 행동하지 마.

A: I'll take care of it alone.

B: Don't be a hero.

A: 내가 혼자 처리할게.
B: 영웅 흉내 내지 마.

0166 **Don't be a party pooper.** 어울려 잘 놀아, 흥 깨지 마.

A: I'm going out to the prom party.

B: Don't be a party pooper.

A: 나 졸업 댄스 파티에 가.
B: 분위기 망치지 마~

0167 **Don't be a stranger.** 계속 연락하자, 연락 끊지 마.

A: I'll see you later! Take care.

B: Don't be a stranger! Let's catch up soon, okay?

A: 나중에 보자! 잘 지내.
B: 연락 끊지 마! 곧 다시 보자~

0168 **Don't be ridiculous.** 어이없는 소리 좀 하지 마.

A: You think I'm a superhero?

B: Don't be ridiculous!

A: 내가 슈퍼히어로로 같지 않아?
B: 뜬금없이 얼척 없는 소리 좀 하지 마!

0169 **Don't be silly.** 바보 같은 소리 마.

A: **I can't do it.**

B: **Don't be silly. You can totally do it!**

A: 못 할 것 같아.
B: 바보 같은 소리 마. 너라면 충분히 할 수 있어!

0170 **Don't be so modest, Lisa.** 너무 겸손해 하지 마.

A: **I didn't do much today.**

B: **Don't be so modest. I know you've been working hard, and you deserve some credit.**

A: 오늘 별로 한 일 없어.
B: 겸손 떨지 마. 열심히 공부한 거 알아. 인정 좀 해.

0171 **Don't be so sure.** 너무 그렇게 확신하지 마.

A: **There's no way they'll win.**

B: **Don't be so sure.**

A: 걔네가 이길 가능성은 없어.
B: 너무 확신하지 마.

0172 **Don't be such a chicken.** 겁쟁이처럼 굴지 마, 쫄지 마.

A: **I don't wanna go on the rollercoaster.**

B: **Come on, don't be such a chicken!**

A: 롤러코스터 타기 싫어.
B: 아, 겁쟁이처럼 굴지 마!

0173 **Don't be too coy.** 너무 내숭 떨지 마.

A: C'mon, you're obviously interested. Don't be coy.

B: I'm interested, but I just need some time to think about it.

A: 너 솔직히 관심 있잖아. 숨기지 마.
B: 관심은 있는데, 조금만 생각할 시간이 필요해.

0174 **Don't beat yourself up.** 너무 자신을 자책하지 마.

A: I messed up the project so badly.

B: Don't beat yourself up. Everyone makes mistakes.

A: 프로젝트 완전 망쳤어.
B: 너무 자책하지 마. 누구나 실수해.

0175 **Don't blame yourself.** 네 탓이 아니야, 자책하지 마.

A: I could've done better.

B: Don't blame yourself. You did great, really.

A: 더 잘할 수 있었는데…
B: 네 탓하지 마. 정말 잘했어.

0176 **Don't bother.** 신경 쓰지 마.

A: Do you want me to help?

B: It's fine. Don't bother. I've got it.

A: 도와줄까?
B: 됐어. 신경 쓰지 마. 내가 할 수 있어.

0177 **Don't count on it.** 기대하지는 마.

A: **Are we gonna make it on time?**

B: **Don't count on it. We might be late.**

A: 우리 제시간에 도착할 수 있을까?
B: 기대하지 마. 늦을 수도 있어.

0178 **Don't cut corners.** 일을 대충하지 마.

A: **Let's finish quickly.**

B: **No, don't cut corners. If we rush it, we'll just have to do it all over again.**

A: 빨리 끝내자.
B: 안 돼. 대충하지 마. 급하게 하면 다시 해야 해.

"No, don't cut corners."는 실제 영어 회화에서 자주 쓰이는 표현으로, 일을 대충하거나 편법을 쓰지 말라는 의미입니다. 우리말 의미는 "편하게 하려고 대충하지 마.", "지름길 쓰지 마.", "절차 무시하지 마." 정도로 이해됩니다. 원래 유래는 **cut corners** = "지름길을 선택하다"에서 온 표현으로 비슷한 표현으로는 **take a shortcut** "지름길을 택하다 (중립적 표현)" **do a sloppy job** "허술하게 하다" **skip steps** "절차를 생략하다" 등이 있습니다.

0179 **Don't deny it.** 부정하지 마, 발뺌하지 마.

A: **I wasn't staring!**

B: **Oh, come on. Don't deny it. I totally saw you!**

A: 나 안 쳐다봤어!
B: 에이, 인정해. 다 봤거든!

0180 **Don't (ever) do that again.** 다신 그러지 마.

A: **Oops, sorry! I didn't realize you were right behind me.**

B: **That really hurt, you know. Don't do that again.**

A: 아차, 미안! 네가 뒤에 있는 줄 몰랐어.
B: 진짜 아팠거든. 다시는 그러지 마.

MAGIC 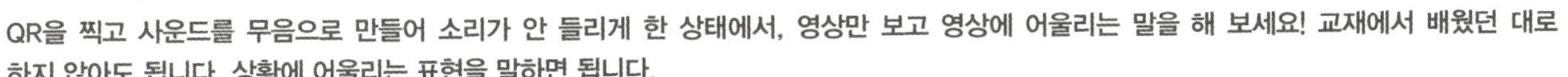 대기중, 입이 터지는 더빙(Dubbing)

QR을 찍고 사운드를 무음으로 만들어 소리가 안 들리게 한 상태에서, 영상만 보고 영상에 어울리는 말을 해 보세요! 교재에서 배웠던 대로 하지 않아도 됩니다. 상황에 어울리는 표현을 말하면 됩니다.

리얼 스피킹 연습
실제 영화 동영상

STEP 3 | 도전! 영화보고 받아쓰기(Dictation)

오늘 배운 표현을 확인하고 완전히 나의 것으로 만드는 시간입니다. **5회 반복 리얼 스피킹 연습 실제 영화 동영상을 활용해 STEP 3-1과 3-2를** 완성하세요.

리얼 스피킹 연습
실제 영화 동영상

STEP 3-1 빈칸에 정확한 표현을 Dictation 하세요.

☐ **(Go) Do your** ___________. 숙제해라.

☐ **Do your** ___________. 최악으로 굴어봐, 맘껏 덤벼봐.

☐ **Does it come in** ___________? 검정색도 있나요?

☐ **Does that make** ___________? 이해되니?

☐ **Don't be a** ___________. 함부로 행동하지 마, 나서지 마, 영웅 행동하지 마.

☐ **Don't be a** ___________ ___________. 어울려 잘 놀아, 흥 깨지 마.

☐ **Don't be a** ___________. 계속 연락하자, 연락 끊지 마.

☐ **Don't be** ___________. 어이없는 소리 좀 하지 마.

☐ **Don't be** ___________. 바보 같은 소리 마.

☐ **Don't be so** ___________, **Lisa.** 너무 겸손해 하지 마.

☐ **Don't be so** ___________. 너무 그렇게 확신하지 마.

☐ **Don't be such a** ___________. 겁쟁이처럼 굴지 마, 쫄지 마.

☐ **Don't be too** ___________. 너무 내숭 떨지 마.

☐ **Don't** ___________ **yourself up.** 너무 자신을 자책하지 마.

☐ **Don't** ___________ **yourself.** 네 탓이 아니야, 자책하지 마.

☐ **Don't** ___________. 신경 쓰지 마.

☐ **Don't** ___________ **on it.** 기대하지는 마.

☐ **Don't cut** ___________. 일을 대충하지 마.

☐ **Don't** ___________ **it.** 부정하지 마, 발뺌하지 마.

☐ **Don't (ever) do that** ___________. 다신 그러지 마.

STEP 3-2 빈칸에 다음 통문장의 의미를 한국어로 쓰세요.

☐ (Go) Do your homework.

☐ Do your worst.

☐ Does it come in black?

☐ Does that make sense?

☐ Don't be a hero.

☐ Don't be a party pooper.

☐ Don't be a stranger.

☐ Don't be ridiculous.

☐ Don't be silly.

☐ Don't be so modest, Lisa.

☐ Don't be so sure.

☐ Don't be such a chicken.

☐ Don't be too coy.

☐ Don't beat yourself up.

☐ Don't blame yourself.

☐ Don't bother.

☐ Don't count on it.

☐ Don't cut corners.

☐ Don't deny it.

☐ Don't (ever) do that again.

살아있는 애니메이션과 영화로 진짜 읽고, 쓰고, 듣고, 말하게 만들어
국제학교 학생들만큼 영어를 잘하게 해주는

대치동 기적의 중학영어 통문장 훈련

세상에 없던, 대한민국 유일의 주니어용 스피킹 & 리스닝 미드 교재

DAY
10
30 days

AI 학습자료와 인강 **youpass.co.kr**

STEP 1 | 무조건, **QR** 찍고 미드 듣고 따라 말하기(Speaking)

리얼 스피킹 연습
실제 영화 동영상

오늘 배울 표현을 미리 확인하고 나의 약점을 찾아보는 시간입니다. **5회** 반복 리얼 스피킹 연습 실제 영화 동영상을 보면서 먼저 모르는 표현에 체크를 해 보세요. 이것이 바로 **TV**, 영화, 드라마, 애니메이션 그리고 진짜 살아 있는 현실의 영어를 배울 수 있는 가장 좋은 시작입니다.

- ☐ **Don't do this to me.**
- ☐ **Don't drink and drive, okay?**
- ☐ **Don't even think about it.**
- ☐ **Don't fall for it.**
- ☐ **Don't feel bad.**
- ☐ **Don't flatter yourself.**
- ☐ **Don't get into any more trouble.**
- ☐ **Don't get me started.**
- ☐ **Don't get me wrong.**
- ☐ **Don't get your hopes up.**
- ☐ **Don't give me excuses.**
- ☐ **Don't give me that look!**
- ☐ **Don't give me that.**
- ☐ **Don't give up on me.**
- ☐ **Don't go too far.**
- ☐ **Don't hold back.**
- ☐ **(But) Don't hold your breath.**
- ☐ **Don't judge a book by its cover.**
- ☐ **Don't judge me.**
- ☐ **(Please) Don't let me down.**

STEP 2 | QR 찍고 5번 따라 읽고 1번 따라 쓰기(Writing)

5회 반복
학교 표준 영상

읽고 쓰는 능력과 함께 입과 귀도 터주는 대치동 기적의 중학영어 1800 통문장입니다. 먼저 **5회** 반복 학교 표준 영상을 틀고 다음 페이지로 넘어가 책을 보면서 **5번씩** 따라 읽기한 후, **1번씩** 따라 쓰세요. 대치동 기적의 중학영어 시리즈 3권에는 **1800개** 대화 세트 총 **3600개**의 통문장이 들어 있습니다.

0181 **Don't do this to me.** 나한테 이러지 마.

A: I can't believe this is happening! You really messed up.

I can't believe this is happening! You really messed up.

B: Please, don't do this to me. Let's talk and figure this out.

A: 이런 일이 벌어지다니 믿을 수가 없어! 네가 진짜 다 망쳤어.
B: 제발, 나한테 이러지 마. 우리 대화로 풀어보자.

0182 **Don't drink and drive, okay?** 음주운전 하지 마.

A: Don't drink and drive. It's not worth the risk.

B: For sure. I'd rather just call a cab.

A: 음주운전 하지 마. 그 위험 감수할 가치 없어.
B: 맞아, 그냥 택시 부르는 게 낫지.

0183 **Don't even think about it.** 꿈도 꾸지 마.

A: I was thinking about skipping the class today.

B: Don't even think about it! You can't miss it.

A: 오늘 수업 빠질까 생각 중이야.
B: 그런 생각 하지 마! 빠지면 안 돼, 꼭 가야 해.

"You can't miss it."은 보통 "절대 놓칠 리 없어"의 의미로 어떤 일이 아주 분명하거나 확실하게 일어날 것임을 강조하는 표현입니다. 예를 들어, 길을 가다 보면 찾기 쉬운 장소나 물건을 가리킬 때 사용됩니다. 그러나 이와는 다른 의미로 "빠지면 안 돼, 꼭 가야해" 의미로도 쓰입니다. 이럴 땐 상대방이 반드시 가야 한다거나 놓쳐서는 안 되는 중요한 일이 있는 상황입니다. 여기서는 수업을 결석하지 말라는 의미로, 그 수업이 매우 중요하다는 점을 강조하고 있습니다.

0184 **Don't fall for it.** 속지 마, 속으면 안 돼.

A: They promised it will work without any issues.

B: Don't fall for it. You know how these things go.

A: 그 사람들이 문제 없이 잘 될 거라고 약속했어.
B: 속지 마. 이런 건 항상 그렇잖아.

0185 **Don't feel bad.** 속상해 하지 마.

A: **I missed your birthday. I'm so sorry!**

B: **Don't feel bad. We can celebrate anytime!**

A: 네 생일을 놓쳤어. 정말 미안해!
B: 미안해하지 마. 언제든지 같이 축하하면 되지!

0186 **Don't flatter yourself.** 까불지 마, 잘난 척 하지 마.

A: **I bet they'll give me an A+. I've been working so hard!**

B: **Don't flatter yourself. There are plenty of others just as qualified.**

A: 난 아마 A+ 받을 거야. 진짜 열심히 했거든!
B: 자만하지 마. 자격 있는 사람은 다른 사람들도 많아.

0187 **Don't get into any more trouble.** 사고치고 다니지 마.

A: **I'll be out late tonight.**

B: **Don't get into any trouble.**

A: 오늘 밤 늦게 들어올 거야.
B: 말썽 피우지 말고 조심해.

0188 **Don't get me started.** 말도 마, 그 얘긴 하지도 마, 내가 시작하게 하지 마.

A: **How was work?**

B: **Ugh, don't get me started. It was such a long day!**

A: 일 어땠어?
B: 아휴, 그 얘기 꺼내지도 마. 너무 힘든 하루였어!

0189 **Don't get me wrong.** 내 말 오해하지 말고 들어.

A: I don't mean to offend you, but I think your idea might not work.

B: Don't get me wrong. I appreciate your honesty, but I'm confident it'll work.

A: 기분 나쁘게 하려는 건 아닌데, 네 아이디어는 잘 안 될 것 같아.
B: 오해하지 마. 솔직한 말 고맙긴 한데, 난 될 거라고 확신해.

0190 **Don't get your hopes up.** 너무 기대하진 마, 김칫국부터 마시진 마.

A: Do you think they'll accept my proposal?

B: Don't get your hopes up. It might not go the way you want.

A: 내 제안서 받아들여질까?
B: 큰 기대는 하지 마. 네가 바라는 대로 되지 않을 수도 있어.

0191 **Don't give me excuses.** 나에게 변명하지 마.

A: I didn't have time to finish the report. There were so many other things to handle.

B: Don't give me excuses.

A: 보고서 못 끝냈어. 처리해야 할 게 너무 많았거든.
B: 변명하지 마.

0192 **Don't give me that look!** 그렇게 날 쳐다보지 마.

A: Why are you looking at me like that? Don't give me that look.

B: What? I'm not giving you any look!

A: 왜 그렇게 쳐다봐? 그렇게 보지 마.
B: 뭐? 난 한 번도 너 안 쳐다봤거든!

0193 **Don't give me that.** 변명 하지 마, 헛소리 하지 마.

A: **I was just kidding!**

B: **Don't give me that. You know I don't find it funny.**

A: 그냥 농담이었어!
B: 웃기지도 않은 농담 하지 마.

0194 **Don't give up on me.** 날 포기하지 말아 줘.

A: **I don't know if I can keep going.**

B: **Don't give up on me. I'll get through this with your help.**

A: 더는 못 버틸 것 같아.
B: 날 포기하지 마. 네가 도와줘야 내가 이겨낼 수 있어.

0195 **Don't go too far.** 너무 멀리 가지 마.

A: **I'm going to the store.**

B: **Sweetie, don't go too far. Be back soon!**

A: 나 가게 좀 다녀올게.
B: 자기야, 너무 멀리 가지 마. 금방 와!

0196 **Don't hold back.** 주저하지 마.

A: **Do you have any feedback? Don't hold back. Tell me everything!**

B: **Alright, here's what I think. There are a few things that could be improved, but overall it's looking good!**

A: 피드백 좀 줄래? 솔직하게 말해줘!
B: 좋아, 내 생각 말해볼게. 몇 가지 고칠 점은 있지만, 전반적으로는 좋아 보여!

0197 (But) Don't hold your breath. 너무 기대하진 마.

A: Do you think they'll show up?

B: Don't hold your breath. They're probably not coming.

A: 걔네 올까?
B: 기대하지 마. 아마 안 올걸.

"**Don't hold your breath.**"는 직역하면 "숨 참지 마"지만, 실제로는 비꼬거나 현실적인 조언을 할 때 쓰이는 관용 표현입니다. 우리 말 뜻은 "기대하지 마.", "그럴 일 없을걸.", "오래 기다려야 할 거야." 정도입니다. 이 표현은 숨을 참다 (hold your breath) 라는 행동 에서 유래했다고 합니다. 어떤 일이 금방 일어날 것처럼 기대할 때, 마치 숨을 참고 기다리는 모습처럼 보일 수 있는데 현실에서는 사실 그 일 이 금방 일어나지 않을 거라면, 숨 참다가 질식할 수도 있다는 비유적인 의미로, "그럴 일 없으니 숨 참고 기다리지 말라"는 식의 냉소적 조언 이 된 것이라고 합니다. 유사 표현으로는 **Don't get your hopes up. I wouldn't bet on it. I doubt it'll happen.** 등이 있습니다.

0198 Don't judge a book by its cover. 겉만 보고 판단하지 마, 선입견 갖지 마.

A: It looks too simple.

B: Don't judge a book by its cover.

A: 너무 단순해 보여.
B: 겉모습만 보고 판단하지 마.

0199 Don't judge me. 날 판단하지 마, 날 비판하지 마.

A: Why did you do that? You knew it was risky.

B: Don't judge me! I had no other choice.

A: 왜 그런 짓 했어? 위험한 거 알면서.
B: 나를 비판하지 마! 어쩔 수 없었어.

0200 (Please) Don't let me down. 날 실망시키지 마.

A: I'm counting on you. Don't let me down.

B: You can count on me. I won't disappoint you.

A: 널 믿고 있어. 실망시키지 마.
B: 나 믿어도 돼. 절대 실망시키지 않을게.

MAGIC  대기중, 입이 터지는 **더빙(Dubbing)**

QR을 찍고 사운드를 무음으로 만들어 소리가 안 들리게 한 상태에서, 영상만 보고 영상에 어울리는 말을 해 보세요! 교재에서 배웠던 대로 하지 않아도 됩니다. 상황에 어울리는 표현을 말하면 됩니다.

리얼 스피킹 연습
실제 영화 동영상

STEP 3 | 도전! 영화보고 받아쓰기**(Dictation)**

오늘 배운 표현을 확인하고 완전히 나의 것으로 만드는 시간입니다. **5회 반복 리얼 스피킹 연습 실제 영화 동영상을 활용해 STEP 3-1과 3-2를** 완성하세요.

리얼 스피킹 연습
실제 영화 동영상

STEP 3-1 빈칸에 정확한 표현을 Dictation 하세요.

☐ **Don't do __________ to me.** 나한테 이러지 마.

☐ **Don't __________ and __________, okay?** 음주운전 하지 마.

☐ **Don't even __________ __________ it.** 꿈도 꾸지 마.

☐ **Don't __________ for it.** 속지 마, 속으면 안 돼.

☐ **Don't __________ __________.** 속상해 하지 마.

☐ **Don't __________ yourself.** 까불지 마, 잘난 척 하지 마.

☐ **Don't get into any more __________.** 사고치고 다니지 마.

☐ **Don't get me __________.** 말도 마, 그 얘긴 하지도 마, 내가 시작하게 하지 마.

☐ **Don't get me __________.** 내 말 오해하지 말고 들어.

☐ **Don't get your __________ up.** 너무 기대하진 마, 김칫국부터 마시진 마.

☐ **Don't give me __________.** 나에게 변명하지 마.

☐ **Don't give me that __________!** 그렇게 날 쳐다보지 마.

☐ **Don't give me __________.** 변명 하지 마, 헛소리 하지 마.

☐ **Don't __________ up on me.** 날 포기하지 말아 줘.

☐ **Don't go __________ __________.** 너무 멀리 가지 마.

☐ **Don't __________ __________.** 주저하지 마.

☐ **(But) Don't __________ your __________.** 너무 기대하진 마.

☐ **Don't __________ a book by its __________.** 겉만 보고 판단하지 마, 선입견 갖지 마.

☐ **Don't __________ me.** 날 판단하지 마, 날 비판하지 마.

☐ **(Please) Don't __________ me __________.** 날 실망시키지 마.

STEP 3-2 빈칸에 다음 통문장의 의미를 한국어로 쓰세요.

☐ Don't do this to me. _______________

☐ Don't drink and drive, okay? _______________

☐ Don't even think about it. _______________

☐ Don't fall for it. _______________

☐ Don't feel bad. _______________

☐ Don't flatter yourself. _______________

☐ Don't get into any more trouble. _______________

☐ Don't get me started. _______________

☐ Don't get me wrong. _______________

☐ Don't get your hopes up. _______________

☐ Don't give me excuses. _______________

☐ Don't give me that look! _______________

☐ Don't give me that. _______________

☐ Don't give up on me. _______________

☐ Don't go too far. _______________

☐ Don't hold back. _______________

☐ (But) Don't hold your breath. _______________

☐ Don't judge a book by its cover. _______________

☐ Don't judge me. _______________

☐ (Please) Don't let me down. _______________

살아있는 애니메이션과 영화로 진짜 읽고, 쓰고, 듣고, 말하게 만들어
국제학교 학생들만큼 영어를 잘하게 해주는
대치동 기적의 중학영어 통문장 훈련
세상에 없던, 대한민국 유일의 주니어용 스피킹 & 리스닝 미드 교재

DAY 11
30 days

AI 학습자료와 인강 **youpass.co.kr**

STEP 1 | 무조건, **QR** 찍고 미드 듣고 따라 말하기(Speaking)

리얼 스피킹 연습
실제 영화 동영상

오늘 배울 표현을 미리 확인하고 나의 약점을 찾아보는 시간입니다. **5**회 반복 리얼 스피킹 연습 실제 영화 동영상을 보면서 먼저 모르는 표현에 체크를 해 보세요. 이것이 바로 **TV**, 영화, 드라마, 애니메이션 그리고 진짜 살아 있는 현실의 영어를 배울 수 있는 가장 좋은 시작입니다.

- [ ] **Don't make a mess I have to clean up.**
- [ ] **(Please) Don't make a scene.**
- [ ] **Don't make me cry.**
- [ ] **Don't mention it.**
- [ ] **Don't mess with me.**
- [ ] **Don't mind me.**
- [ ] **Don't play dumb.**
- [ ] **Don't push your luck.**
- [ ] **Don't put words in my mouth.**
- [ ] **Don't rub it in.**
- [ ] **Don't rush me.**
- [ ] **Don't say a word.**
- [ ] **Don't sneak up on me like that.**
- [ ] **Don't sweat it.**
- [ ] **Don't sweat the small stuff.**
- [ ] **Don't take it out on me.**
- [ ] **Don't take it personally.**
- [ ] **Don't try to talk.**
- [ ] **Don't turn your back on me!**
- [ ] **Don't wait for me.**

STEP 2 | **QR** 찍고 5번 따라 읽고 1번 따라 쓰기(Writing)

5회 반복
학교 표준 영상

읽고 쓰는 능력과 함께 입과 귀도 터주는 대치동 기적의 중학영어 1800 통문장입니다. 먼저 **5**회 반복 학교 표준 영상을 틀고 다음 페이지로 넘어가 책을 보면서 **5**번씩 따라 읽기한 후, **1**번씩 따라 쓰세요. 대치동 기적의 중학영어 시리즈 3권에는 **1800**개 대화 세트 총 **3600**개의 통문장이 들어 있습니다.

0201 **Don't make a mess I have to clean up.** 또 내가 치워야 할 일 만들지 마.

A: **I'll handle this my way.**

I'll handle this my way.

B: **Don't make a mess I have to clean up.**

A: 이건 내가 알아서 할게.
B: 내가 뒷수습하게 만들진 마.

0202 **(Please) Don't make a scene.** 소란 피우지 마.

A: **This isn't right! I can't believe this is happening.**

B: **Look, I understand, but don't make a scene. Let's talk about it calmly.**

A: 이건 말도 안 돼! 이런 일이 일어나다니 믿을 수 없어.
B: 알겠어, 하지만 진정해. 사람들 앞에서 소란 피우지 말고, 차분히 이야기하자.

0203 **Don't make me cry.** 날 울리지 마.

A: **This song reminds me of all the good times we had together.**

B: **Oh, stop it! Don't make me cry.**

A: 이 노래 들으면 우리가 함께한 좋은 기억들이 떠올라.
B: 아, 그만해! 울 것 같잖아.

0204 **Don't mention it.** 별말씀을요, 그런 말 안 하셔도 돼요.

A: **Thank you for helping me out!**

B: **Don't mention it. I was happy to help.**

A: 도와줘서 고마워!
B: 별말을 다 해. 기꺼이 도와준 거야.

0205 **Don't mess with me.** 나한테 까불지 마, 날 건드리지 마.

A: I'm just trying to help!

B: I appreciate it, but don't mess with me right now.

A: 도우려고 한 거야!
B: 고맙긴 한데, 지금은 건들지 마.

0206 **Don't mind me.** 나 신경 쓰지 마.

A: Why are you just standing here?

B: Oh, don't mind me. I'm just watching.

A: 왜 그냥 서 있어?
B: 아, 신경 쓰지 마. 그냥 보고 있는 중이야.

0207 **Don't play dumb.** 모르는 척 하지 마, 시치미 떼지 마.

A: What are you talking about?

B: You know exactly what I mean. Don't play dumb.

A: 무슨 말이야?
B: 너도 무슨 말인지 알잖아. 모르는 척하지 마.

0208 **Don't push your luck.** 너무 설쳐대지 마, 운을 믿고 덤비지 마.

A: I won twice. Should I bet again?

B: Don't push your luck.

A: 두 번이나 이겼는데, 한 번 더 걸어볼까?
B: 너무 욕심 부리지 마.

0209 **Don't put words in my mouth.** 없는 말 지어내지 마.

A: So you're saying you hate it?

B: I never said that! Don't put words in my mouth.

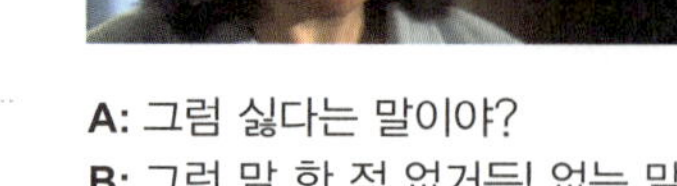

A: 그럼 싫다는 말이야?
B: 그런 말 한 적 없거든! 없는 말 지어내지 마.

"Don't put words in my mouth."는 상대방이 내가 하지도 않은 말을 했다고 주장할 때 사용하는 아주 자연스러운 영어 표현입니다. 우리말 뜻은 "내가 하지도 않은 말을 하지 마.", "내 말 왜곡하지 마.", "그렇게 말한 적 없어." 정도의 의미입니다. 비슷한 표현으로는 **That's not what I said. You're twisting my words. Don't misquote me.** 등이 있습니다.

0210 **Don't rub it in.** 불난 집에 부채질하지 마, 긁어 부스럼 만들지 마.

A: I told you this would happen.

B: Ugh, don't rub it in.

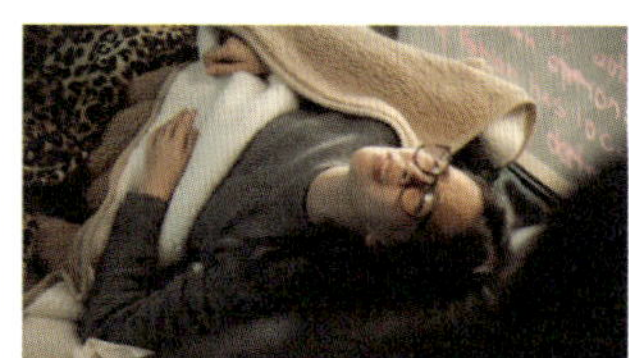

A: 그래서 내가 그렇게 될 거라고 했잖아.
B: 아, 그만 좀 들먹여.

0211 **Don't rush me.** 재촉하지 마! 가만히 좀 있어봐.

A: Hurry up! We're going to be late!

B: Don't rush me. I'm doing the best I can. Just give me a few more minutes, okay?

A: 빨리 해! 우리 늦겠어!
B: 재촉하지 마. 나도 최선을 다하고 있어. 조금만 기다려 줘.

0212 **Don't say a word.** 입도 뻥긋 하지 마, 아무 말도 하지 마.

A: I saw what happened last night.

B: Don't say a word. No one else can know about it.

A: 어젯밤에 일어난 거 봤어.
B: 아무 말도 하지 마. 아무도 알아선 안 돼.

0213 **Don't sneak up on me like that.** 그렇게 몰래 다가오지 마, 몰래 와서 놀라게 하지 마.

A: (suddenly approaching) Boom!

B: Don't sneak up on me like that!

A: (갑자기 다가가며) 붐!
B: 그렇게 몰래 다가와서 놀라게 하지 마!

0214 **Don't sweat it.** 걱정하지 마.

A: I'm really worried about this.

B: Don't sweat it. Everything will be fine.

A: 이 일 정말 걱정돼.
B: 걱정 마. 다 잘 될 거야.

0215 **Don't sweat the small stuff.** 사소한 일에 목숨 걸지 마.

A: Ugh, I spilled a little coffee on my shirt right before the meeting.

B: Don't sweat the small stuff. No one's even going to notice.

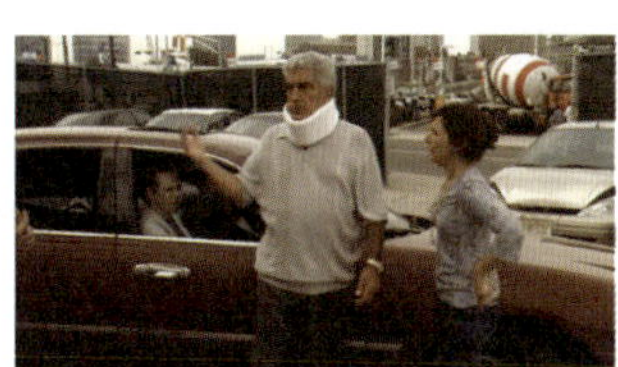

A: 아, 회의 직전에 셔츠에 커피를 좀 쏟았어.
B: 그런 사소한 일로 신경 쓰지 마. 아무도 못 알아볼 거야.

0216 **Don't take it out on me.** 나한테 화풀이 하지 마.

A: I'm really frustrated right now.

B: Don't take it out on me. I'm just trying to help.

A: 지금 너무 답답해.
B: 내게 화풀이하지 마. 나도 도와 주려는 거야.

0217 **Don't take it personally.** 기분 나쁘게 생각하지 마, 사적인 감정은 없어.

A: She didn't reply to my message. Did I say something wrong?

B: Don't take it personally. She might just be busy.

A: 걔가 내 메시지에 답장이 없어. 내가 뭐 잘못 말한 걸까?
B: 너무 마음 쓰지 마. 그냥 바빴을 수도 있어.

0218 **Don't try to talk.** 말하려고 애쓰지 마.

A: Shh, don't try to talk.

B: Okay, I'll be quiet.

A: 쉬잇, 말하지 마.
B: 알겠어. 조용히 있을게.

0219 **Don't turn your back on me!** 날 외면하지 마, 날 쌩까지 마.

A: Don't turn your back on me! You've been ignoring me all day!

B: I'm not ignoring you. I just need some space right now.

A: 내게 등 돌리지 마! 하루 종일 날 무시했잖아!
B: 무시한 거 아니야. 그냥 나 혼자만의 시간이 필요했을 뿐이야.

"I just need some space right now." 이 문장에서 **space**는 **time**(시간)과 완전히 같지는 않지만, 비슷한 의미로 해석될 수 있습니다. 다만 여기서 **space**는 단순한 물리적 공간뿐 아니라, 정서적 거리나 심리적 여유를 뜻하기 때문에 두 표현은 비슷하게 들리지만, **space**는 "물리적, 감정적 거리" 강조, **time**은 "시간적 여유"를 강조합니다.

0220 **Don't wait for me.** 나 기다리지 마.

A: We'll wait for you to get ready.

B: Don't wait for me. I'll catch up.

A: 네 준비 끝날 때까지 기다릴게.
B: 나 기다리지 마. 나중에 따라갈게.

MAGIC 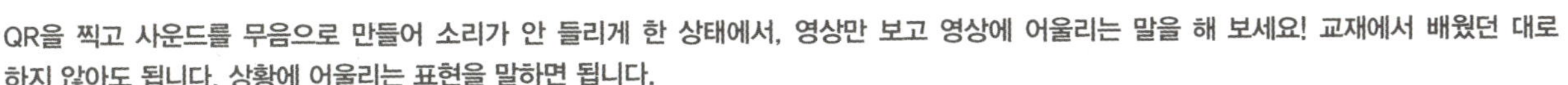 대기중, 입이 터지는 더빙(Dubbing)

QR을 찍고 사운드를 무음으로 만들어 소리가 안 들리게 한 상태에서, 영상만 보고 영상에 어울리는 말을 해 보세요! 교재에서 배웠던 대로 하지 않아도 됩니다. 상황에 어울리는 표현을 말하면 됩니다.

리얼 스피킹 연습
실제 영화 동영상

STEP 3 | 도전! 영화보고 받아쓰기(Dictation)

오늘 배운 표현을 확인하고 완전히 나의 것으로 만드는 시간입니다. **5회 반복 리얼 스피킹 연습 실제 영화 동영상**을 활용해 **STEP 3-1**과 **3-2**를 완성하세요.

리얼 스피킹 연습
실제 영화 동영상

STEP 3-1 빈칸에 정확한 표현을 Dictation 하세요.

☐ **Don't make a __________ I have to __________ up.** 또 내가 치워야 할 일 만들지 마.

☐ **(Please) Don't make a __________.** 소란 피우지 마.

☐ **Don't make me __________.** 날 울리지 마.

☐ **Don't __________ it.** 별말씀을요, 그런 말 안 하셔도 돼요.

☐ **Don't __________ with me.** 나한테 까불지 마, 날 건드리지 마.

☐ **Don't __________ me.** 나 신경 쓰지 마.

☐ **Don't __________ __________.** 모르는 척 하지 마, 시치미 떼지 마.

☐ **Don't __________ your __________.** 너무 설쳐대지 마, 운을 믿고 덤비지 마.

☐ **Don't put __________ in my __________.** 없는 말 지어내지 마.

☐ **Don't __________ it in.** 불난 집에 부채질하지 마, 긁어 부스럼 만들지 마.

☐ **Don't __________ me.** 재촉하지 마! 가만히 좀 있어봐.

☐ **Don't __________ a word.** 입도 뻥긋 하지 마, 아무 말도 하지 마.

☐ **Don't __________ up on me like that.** 그렇게 몰래 다가오지 마, 몰래 와서 놀라게 하지 마.

☐ **Don't __________ it.** 걱정하지 마.

☐ **Don't __________ the small __________.** 사소한 일에 목숨 걸지 마.

☐ **Don't __________ it out on me.** 나한테 화풀이 하지 마.

☐ **Don't __________ it __________.** 기분 나쁘게 생각하지 마, 사적인 감정은 없어.

☐ **Don't __________ to __________.** 말하려고 애쓰지 마.

☐ **Don't __________ your __________ on me!** 날 외면하지 마, 날 쌩까지 마.

☐ **Don't __________ for me.** 나 기다리지 마.

STEP 3-2 빈칸에 다음 통문장의 의미를 한국어로 쓰세요.

☐ **Don't make a mess I have to clean up.**

☐ **(Please) Don't make a scene.**

☐ **Don't make me cry.**

☐ **Don't mention it.**

☐ **Don't mess with me.**

☐ **Don't mind me.**

☐ **Don't play dumb.**

☐ **Don't push your luck.**

☐ **Don't put words in my mouth.**

☐ **Don't rub it in.**

☐ **Don't rush me.**

☐ **Don't say a word.**

☐ **Don't sneak up on me like that.**

☐ **Don't sweat it.**

☐ **Don't sweat the small stuff.**

☐ **Don't take it out on me.**

☐ **Don't take it personally.**

☐ **Don't try to talk.**

☐ **Don't turn your back on me!**

☐ **Don't wait for me.**

살아있는 애니메이션과 영화로 진짜 읽고, 쓰고, 듣고, 말하게 만들어
국제학교 학생들만큼 영어를 잘하게 해주는

대치동 기적의 중학영어 통문장 훈련

세상에 없던, 대한민국 유일의 주니어용 스피킹 & 리스닝 미드 교재

AI 학습자료와 인강 **youpass.co.kr**

STEP 1 | 무조건, **QR** 찍고 미드 듣고 따라 말하기(Speaking)

리얼 스피킹 연습
실제 영화 동영상

오늘 배울 표현을 미리 확인하고 나의 약점을 찾아보는 시간입니다. **5**회 반복 리얼 스피킹 연습 실제 영화 동영상을 보면서 먼저 모르는 표현에 체크를 해 보세요. 이것이 바로 **TV**, 영화, 드라마, 애니메이션 그리고 진짜 살아 있는 현실의 영어를 배울 수 있는 가장 좋은 시작입니다.

- ☐ **Don't waste your time.**
- ☐ **Down in the dumps.**
- ☐ **Easier said than done.**
- ☐ **Easy does it, everyone.**
- ☐ **Easy peasy lemon squeezy.**
- ☐ **End of story.**
- ☐ **Enjoy being single.**
- ☐ **Enjoy your lunch.**
- ☐ **Enough is enough.**
- ☐ **Every dog has his day.**
- ☐ **Every now and then.**
- ☐ **Every other day.**
- ☐ **Everyone knows that.**
- ☐ **Everything has to be perfect!**
- ☐ **Everything's gonna be all right.**
- ☐ **Everything's gonna be fine.**
- ☐ **Exactly the same.**
- ☐ **Exceedingly rare.**
- ☐ **Excuse me, I have to use the restroom.**
- ☐ **Excuse you.**

STEP 2 | QR 찍고 5번 따라 읽고 1번 따라 쓰기(Writing)

5회 반복
학교 표준 영상

읽고 쓰는 능력과 함께 입과 귀도 터주는 대치동 기적의 중학영어 1800 통문장입니다. 먼저 **5**회 반복 학교 표준 영상을 틀고 다음 페이지로 넘어가 책을 보면서 **5**번씩 따라 읽기한 후, **1**번씩 따라 쓰세요. 대치동 기적의 중학영어 시리즈 3권에는 **1800**개 대화 세트 총 **3600**개의 통문장이 들어 있습니다.

0221 **Don't waste your time.** 시간 낭비하지 마.

A: I think I'll try again.

I think I'll try again.

B: Don't waste your time.

A: 다시 한 번 도전해볼까 해.
B: 시간 낭비하지 마.

0222 **Down in the dumps.** 우울해, 침울해, 실의에 빠졌어.

A: You look sad. Is everything alright?

B: I've just been feeling down in the dumps lately. It's been a tough week.

A: 너 좀 슬퍼 보인다. 무슨 일 있어?
B: 그냥 요즘 너무 우울해. 이번 주가 정말 힘들었어.

"**Down in the dumps**"는 영어에서 기분이 우울하거나 낙담한 상태를 표현할 때 자주 쓰이는 관용 표현으로 일상 회화에서도 정말 자주 들을 수 있는 표현입니다. 의미는 한국말로 "기운이 없다", "우울하다", "낙담하다", "풀이 죽어 있다" 정도의 의미를 가집니다. 보통 일시적으로 기분이 안 좋을 때, 또는 일이 잘 안 풀릴 때 사용하며, 비유적으로 기분이 쓰레기 더미 속에 있는 것처럼 안 좋은 상태를 뜻합니다. 유사 표현으로는 **feel blue, be depressed, be in low spirits, have the blues** 등이 있습니다.

0223 **Easier said than done.** 말이야 쉽지, 말은 쉽지.

A: You should try it!

B: It's easier said than done. It's harder than it looks.

A: 너도 한번 해봐!
B: 말처럼 쉽지 않아. 보기보다 훨씬 어려워.

0224 **Easy does it, everyone.** 천천히 살살해.

A: Careful with the boxes. Easy does it, everyone.

B: Got it! We'll be careful.

A: 박스 조심히 옮겨. 천천히 해.
B: 알겠어! 조심할게.

0225 **Easy peasy lemon squeezy.** 식은 죽 먹기지, 아주 쉬워.

A: **This thing looks complicated. Do you think we can finish it on time?**

B: **Easy peasy lemon squeezy! We've got this. It's not as hard as it seems.**

A: 이거 되게 복잡해 보여. 시간 안에 끝낼 수 있을까?
B: 식은 죽 먹기야! 생각보다 쉬워.

"**Easy peasy lemon squeezy!**"는 무언가가 아주 쉽다는 걸 재미있고 유쾌하게 말할 때 쓰는 귀여운 영어 표현입니다. 우리말 뜻은 "식은 죽 먹기지!", "엄청 쉬워!", "완전 껌이지!" 정도의 의미입니다. **easy**를 장난스럽게 변형해서 강조한 말로 이 표현은 **1950~60**년대 영국의 한 세제 광고에서 유래했다고 알려져 있습니다. 광고에서 "**Easy peasy lemon squeezy**"라는 문구가 나와서 인기를 얻었고, 이후 아이들 사이에서 유행하면서 일반 회화 표현으로 정착했다고 합니다. 비슷한 표현으로는 **Piece of cake, A breeze, No sweat, Walk in the park, Easy as ABC**와 같은 표현이 있습니다.

0226 **End of story.** 얘기 끝, 더 이상 얘기로 안 돼.

A: **We should give him another chance. Maybe he didn't mean to mess up.**

B: **No way. He broke the rules. End of story.**

A: 한 번만 더 기회를 주자. 일부러 그런 건 아닐 수도 있어.
B: 말도 안 돼. 걔는 규칙을 어겼어. 그걸로 끝이야.

0227 **Enjoy being single.** 솔로인 걸 즐겨, 독신인 걸 즐겨.

A: **I wish I had a boyfriend.**

B: **For now, just enjoy being single.**

A: 나도 남자친구 있었으면 좋겠어.
B: 지금은 싱글인 걸 즐겨.

0228 **Enjoy your lunch.** 점심 맛있게 먹어.

A: **Thanks, I'm really hungry.**

B: **Enjoy your lunch! I hope it's delicious.**

A: 고마워, 진짜 배고팠어.
B: 맛있게 먹어! 잘 먹어~

0229   **Enough is enough.** 그만하면 충분해.

A: We've been dealing with this issue for weeks now. Nothing's changing.

B: Enough is enough. We've had enough of this.

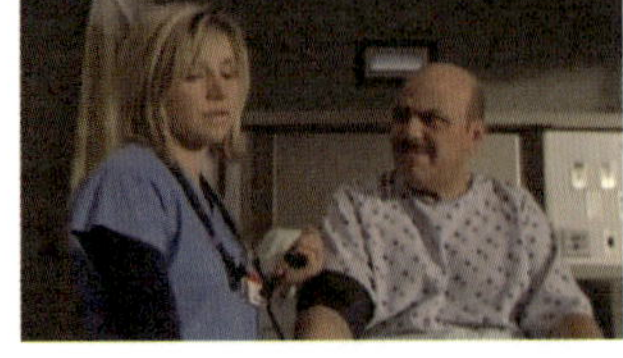

A: 몇 주째 이 문제로 고생 중이야. 아무것도 변하지 않아.
B: 이제 정말 못 참겠다. 이젠 끝내야 해.

0230   **Every dog has his day.** 쥐구멍에도 볕 들 날이 온다, 적어도 한 번은 행운이 찾아와.

A: He finally got his promotion.

B: Well, every dog has his day!

A: 걔가 드디어 승진했대.
B: 하긴, 누구에게나 기회는 오지!

0231   **Every now and then.** 가끔, 때때로.

A: Do you go jogging?

B: Yeah, every now and then. Not every day, but I try to fit it in when I can.

A: 조깅해?
B: 가끔 해. 매일은 아니지만, 시간 날 때 하려고 해.

0232   **Every other day.** 이틀에 한 번, 격일로.

A: How often do you visit your parents?

B: I try to go every other day.

A: 부모님 자주 뵈러 가?
B: 이틀에 한 번 정도는 가려고 해.

0233 **Everyone knows that.** 그건 모두가 다 알아.

A: Is that new information?

B: Everyone knows that already. It's not a big deal.

A: 새로운 정보야?
B: 다들 이미 아는 거야. 별거 아니야.

0234 **Everything has to be perfect!** 모든 게 완벽해야 돼, 실수가 없어야 해.

A: Are you nervous about the presentation?

B: Yes, everything has to be perfect!

A: 발표 때문에 긴장돼?
B: 응, 완벽하게 하고 싶어서 그래!

0235 **Everything's gonna be all right.** 다 잘 될 거야.

A: I'm stressed about my exams.

B: Don't worry. Everything's gonna be all right.

A: 시험 때문에 스트레스 받아.
B: 걱정하지 마. 다 잘 될 거야.

0236 **Everything's gonna be fine.** 다 잘 될 거야.

A: I'm really nervous about the interview tomorrow.

B: Don't worry. Everything is gonna be fine.

A: 내일 면접이라 너무 떨려.
B: 걱정 마. 분명 잘 될 거야.

0237 **Exactly the same.** 완전 똑같아.

A: Is it different?

B: Exactly the same. There's no change.

A: 뭔가 달라졌어?
B: 똑같아. 아무 변화 없어.

0238 **Exceedingly rare.** 극도로 드물어.

A: How often does this happen?

B: It's exceedingly rare, honestly. Something like this doesn't happen often at all.

A: 이런 일 자주 있어?
B: 정말 드물어. 거의 없는 일이야.

0239 **Excuse me, I have to use the restroom.** 실례지만 화장실 좀 다녀올게요.

A: Where are you going?

B: Excuse me, I have to use the restroom. I'll be right back.

A: 어디 가?
B: 실례, 화장실 좀 다녀올게. 금방 올게.

0240 **Excuse you.** 뭐야 예의 없게, 예의를 좀 차려, 그러지 마.

A: I can't believe she wore that outfit to the party.

B: Excuse you. That's a bit harsh, don't you think?

A: 걔가 파티에 그런 옷을 입고 왔다니 믿기지가 않아.
B: 실례잖아. 그건 좀 심한 말이야, 안 그래?

MAGIC 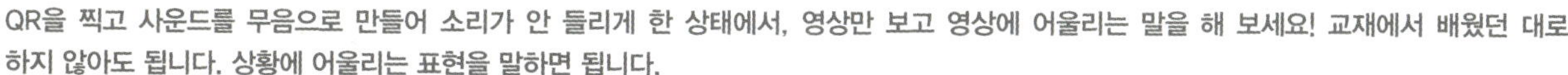 대기중, 입이 터지는 더빙(Dubbing)

QR을 찍고 사운드를 무음으로 만들어 소리가 안 들리게 한 상태에서, 영상만 보고 영상에 어울리는 말을 해 보세요! 교재에서 배웠던 대로 하지 않아도 됩니다. 상황에 어울리는 표현을 말하면 됩니다.

리얼 스피킹 연습
실제 영화 동영상

STEP 3 | 도전! 영화보고 받아쓰기(Dictation)

오늘 배운 표현을 확인하고 완전히 나의 것으로 만드는 시간입니다. 5회 반복 리얼 스피킹 연습 실제 영화 동영상을 활용해 **STEP 3-1**과 **3-2**를 완성하세요.

리얼 스피킹 연습
실제 영화 동영상

STEP 3-1 빈칸에 정확한 표현을 Dictation 하세요.

☐ **Don't __________ your time.** 시간 낭비하지 마.

☐ **Down in the __________.** 우울해, 침울해, 실의에 빠졌어.

☐ **__________ said than __________.** 말이야 쉽지, 말은 쉽지.

☐ **__________ does it, everyone.** 천천히 살살해.

☐ **__________ peasy lemon __________.** 식은 죽 먹기지, 아주 쉬워.

☐ **__________ of story.** 얘기 끝, 더 이상 얘기로 안 돼.

☐ **__________ being single.** 솔로인 걸 즐겨, 독신인 걸 즐겨.

☐ **__________ your lunch.** 점심 맛있게 먹어.

☐ **__________ is __________.** 그만하면 충분해.

☐ **Every dog has his __________.** 쥐구멍에도 볕 들 날이 온다, 적어도 한 번은 행운이 찾아와.

☐ **__________ now and then.** 가끔, 때때로.

☐ **Every __________ day.** 이틀에 한 번, 격일로.

☐ **Everyone __________ that.** 그건 모두가 다 알아.

☐ **Everything has to be __________!** 모든 게 완벽해야 돼, 실수가 없어야 해.

☐ **__________ gonna be all right.** 다 잘 될 거야.

☐ **__________ gonna be __________.** 다 잘 될 거야.

☐ **__________ the same.** 완전 똑같아.

☐ **__________ rare.** 극도로 드물어.

☐ **__________ me, I have to use the __________.** 실례지만 화장실 좀 다녀올게요.

☐ **__________ you.** 뭐야 예의 없게, 예의를 좀 차려, 그러지 마.

STEP 3-2 빈칸에 다음 통문장의 의미를 한국어로 쓰세요.

☐ **Don't waste your time.**

☐ **Down in the dumps.**

☐ **Easier said than done.**

☐ **Easy does it, everyone.**

☐ **Easy peasy lemon squeezy.**

☐ **End of story.**

☐ **Enjoy being single.**

☐ **Enjoy your lunch.**

☐ **Enough is enough.**

☐ **Every dog has his day.**

☐ **Every now and then.**

☐ **Every other day.**

☐ **Everyone knows that.**

☐ **Everything has to be perfect!**

☐ **Everything's gonna be all right.**

☐ **Everything's gonna be fine.**

☐ **Exactly the same.**

☐ **Exceedingly rare.**

☐ **Excuse me, I have to use the restroom.**

☐ **Excuse you.**

살아있는 애니메이션과 영화로 진짜 읽고, 쓰고, 듣고, 말하게 만들어
국제학교 학생들만큼 영어를 잘하게 해주는
대치동 기적의 중학영어 통문장 훈련
세상에 없던, 대한민국 유일의 주니어용 스피킹 & 리스닝 미드 교재

DAY 13
30 days

AI 학습자료와 인강 **youpass.co.kr**

STEP 1 | 무조건, **QR** 찍고 미드 듣고 따라 말하기(Speaking)

리얼 스피킹 연습
실제 영화 동영상

오늘 배울 표현을 미리 확인하고 나의 약점을 찾아보는 시간입니다. 5회 반복 리얼 스피킹 연습 실제 영화 동영상을 보면서 먼저 모르는 표현에 체크를 해 보세요. 이것이 바로 **TV**, 영화, 드라마, 애니메이션 그리고 진짜 살아 있는 현실의 영어를 배울 수 있는 가장 좋은 시작입니다.

- ☐ **Fair enough. Fair enough.**
- ☐ **Fake it till you make it.**
- ☐ **Family comes first.**
- ☐ **Feel free to look around.**
- ☐ **Fill her up.**
- ☐ **Fill it up, please.**
- ☐ **Fill out this form.**
- ☐ **Finders keepers.**
- ☐ **Fingers crossed.**
- ☐ **First come, first served.**
- ☐ **First things first.**
- ☐ **(Go) Fix your hair.**
- ☐ **Follow your heart.**
- ☐ **For real?**
- ☐ **For your own good.**
- ☐ **Forget about it.**
- ☐ **From now on.**
- ☐ **Get a life.**
- ☐ **Get him on the phone.**
- ☐ **Get in line.**

STEP 2 | QR 찍고 5번 따라 읽고 1번 따라 쓰기(Writing)

5회 반복
학교 표준 영상

읽고 쓰는 능력과 함께 입과 귀도 터주는 대치동 기적의 중학영어 1800 통문장입니다. 먼저 5회 반복 학교 표준 영상을 틀고 다음 페이지로 넘어가 책을 보면서 5번씩 따라 읽기한 후, 1번씩 따라 쓰세요. 대치동 기적의 중학영어 시리즈 3권에는 1800개 대화 세트 총 3600개의 통문장이 들어 있습니다.

0241 **Fair enough. Fair enough.** 그래 말 되네, 그래 인정해.

A: **I think we should focus on one task at a time to avoid getting overwhelmed.**

I think we should focus on one task at a time to avoid getting overwhelmed.

B: **Fair enough. That sounds like a good plan.**

A: 일에 압도되지 않게 하나씩 집중해서 처리하는 게 좋을 것 같아.
B: 맞는 말이야. 좋은 계획이네.

0242 **Fake it till you make it.** 자신감을 가지고 해 봐.

A: **I'm nervous about the presentation.**

B: **Fake it till you make it! Just act confident, and it'll come together.**

A: 발표가 너무 긴장돼.
B: 자신 있는 척해! 그러다 보면 진짜 자신감이 생길 거야.

0243 **Family comes first.** 가족이 최우선이지.

A: **Are you sure you wanna cancel your trip just to help your brother?**

B: **Of course. Family comes first.**

A: 여행까지 취소하고 동생 도우려는 거 확실해?
B: 당연하지. 가족이 우선이야.

0244 **Feel free to look around.** 편하게 둘러 봐.

A: **Wow, your place looks amazing! Can I check out the kitchen?**

B: **Feel free to look around. The kitchen is right through there.**

A: 와, 집 진짜 멋지다! 부엌 좀 봐도 돼?
B: 마음껏 둘러봐. 부엌은 저쪽이야.

0245 **Fill her up.** 기름 가득이요.

A: The gas is almost empty.

B: Alright, let's stop and fill her up.

A: 기름이 거의 다 떨어졌어.
B: 그래, 주유소 들러서 채우자.

0246 **Fill it up, please.** 주유 만땅이요, 주유 가득이요.

A: How much gas should I put?

B: Fill it up, please.

A: 기름 얼마나 넣을까요?
B: 가득 넣어주세요.

0247 **Fill out this form.** 이거 작성해 주세요.

A: What should I do now?

B: Umm... could you fill out this form, please?

A: 이제 뭐 하면 될까요?
B: 음... 이 양식 작성해 주시겠어
  요?

0248 **Finders keepers.** 먼저 찾은 사람이 임자야.

A: Is that yours?

B: Finders keepers. I found it first!

A: 그거 네 거야?
B: 먼저 찾은 사람이 임자야!

0249 **Fingers crossed.** 행운을 빌어.

A: **I have an admission interview tomorrow.**

B: **Good luck! Fingers crossed!**

A: 내일 입학 면접이 있어.
B: 행운을 빌어! 잘 되길 바랄게!

"Fingers crossed!" 는 영어에서 아주 자주 쓰이는 표현으로, 누군가의 행운이나 좋은 결과를 바랄 때 사용하는 짧고 간단한 응원 표현입니다. 뜻은 "잘 되길 바랄게!", "행운을 빌어!", "제발 그러길!" 정도의 의미입니다. 보통은 누군가에게 좋은 결과가 있기를 기대하거나 기원할 때 말하거나 또는, 자기 자신에게 "제발, 잘 됐으면!" 하고 바랄 때도 씁니다. 고대 유럽에서 손가락을 교차(cross) 하는 행동은 행운을 부르고, 악운을 막는 기호로 여겨졌고 특히 기독교적 의미에서 십자가(cross) 모양이 보호와 축복을 상징하기 때문에 "손가락을 교차시키며 행운을 빈다."는 제스처가 생겼고 그게 말로 표현된 것이라고 합니다. 비슷한 표현으로는 **Good luck! Hope for the best. Best of luck! Break a leg!** 등이 있습니다.

0250 **First come, first served.** 선착순이야.

A: **What's the policy on this?**

B: **It's first come, first served.**

A: 이건 어떤 정책이야?
B: 선착순이야.

0251 **First things first.** 중요한 것부터가 먼저야.

A: **We need to organize the tasks.**

B: **Right, first things first. Let's figure out what needs to be done.**

A: 일 좀 정리해서 나누자.
B: 맞아. 우선순위부터 정하자. 뭐부터 해야 할지 파악해야 해.

0252 **(Go) Fix your hair.** 머리 모양을 단정히 고쳐, 외모를 단정히 해.

A: **Do I look okay?**

B: **Yeah, just fix your hair a bit and you're good to go!**

A: 나 괜찮아 보여?
B: 응, 머리만 조금 손질하면 딱이야!

0253 **Follow your heart.** 마음 가는 대로 해.

A: I don't know what to do.

B: Just follow your heart. You'll know what feels right.

A: 뭘 해야 할지 모르겠어.
B: 마음이 시키는 대로 해. 뭐가 맞는지 느껴질 거야.

0254 **For real?** 진짜야? 진심이야?

A: I just won free tickets!

B: For real? That's awesome! What are they for? A concert or something?

A: 공짜 티켓 당첨됐어!
B: 진짜? 대박! 뭐야, 콘서트 티켓이야?

0255 **For your own good.** 모두 널 위해서 그런 거야.

A: I don't wanna do this.

B: It's for your own good.

A: 이거 하기 싫어.
B: 너 자신을 위한 일이야.

0256 **Forget about it.** 신경 쓰지 마, 잊어 버려.

A: I didn't mean to upset you.

B: Forget about it. It's not a big deal.

A: 기분 상하게 하려던 건 아니었어.
B: 괜찮아. 신경 쓰지 마.

0257 **From now on.** 지금부터, 지금 이후부터.

A: **I've decided to eat healthier.**

B: **That's great! From now on, no more junk food.**

A: 이제 건강하게 먹기로 했어.
B: 잘했어! 이제부터는 정크푸드
는 금지다~

0258 **Get a life.** 참견 마, 정신 좀 차려.

A: **You spend too much time online.**

B: **Whatever. Get a life. I wish you'd stop meddling in my business.**

A: 너 온라인에 너무 시간을 많이
쓰고 있어.
B: 됐거든. 너나 신경 써. 내 일에
간섭 좀 그만해.

"Whatever."는 실제로 미국인들이 가장 듣기 싫어하는 말 중 하나로 자주 꼽힙니다. 미국의 언어·커뮤니케이션 관련 여론조사 **(Marist Poll)**에서 **"Whatever"**가 여러 해 동안 '가장 짜증나는 영어 표현 1위'로 꼽히기도 했습니다. **"Whatever"**는 "뭐든지", "아무거나" 라는 중립적 의미로 시작했지만, 구어에서는 자주 짜증, 무관심, 무시를 나타내는 말로 사용됩니다. 실제는 "됐고, 더 말 안 할래." 정도의 의미로 상대의 말이나 감정을 무시하는 느낌을 주며, 상대가 말할 가치도 없다고 생각하는 듯한 태도가 느껴지는 표현입니다.

0259 **Get him on the phone.** 그에게 전화해 봐, 그에게 전화 걸어 봐.

A: **We need an answer now!**

B: **Okay, I'll get him on the phone.**

A: 지금 답이 필요해!
B: 알겠어, 그 사람한테 전화할게.

0260 **Get in line.** 줄을 서세요, 차례를 기다려.

A: **I wanna go first!**

B: **Hold on a second. You're not the only one here. Get in line. We'll take turns.**

A: 내가 먼저 할래!
B: 잠깐만. 너만 있는 거 아니잖
아. 줄 서. 순서에 따라 돌아가
면서 해야지.

MAGIC  대기중, 입이 터지는 더빙(Dubbing)

QR을 찍고 사운드를 무음으로 만들어 소리가 안 들리게 한 상태에서, 영상만 보고 영상에 어울리는 말을 해 보세요! 교재에서 배웠던 대로 하지 않아도 됩니다. 상황에 어울리는 표현을 말하면 됩니다.

리얼 스피킹 연습
실제 영화 동영상

STEP 3 | 도전! 영화보고 받아쓰기(Dictation)

오늘 배운 표현을 확인하고 완전히 나의 것으로 만드는 시간입니다. **5회 반복 리얼 스피킹 연습 실제 영화 동영상을 활용해 STEP 3-1과 3-2를** 완성하세요.

리얼 스피킹 연습
실제 영화 동영상

STEP 3-1 빈칸에 정확한 표현을 Dictation 하세요.

☐ ___________ **enough.** ___________ **enough.** 그래 말 되네, 그래 인정해.

☐ ___________ **it till you make it.** 자신감을 가지고 해 봐.

☐ ___________ **comes first.** 가족이 최우선이지.

☐ ___________ **free to look around.** 편하게 둘러 봐.

☐ ___________ **her up.** 기름 가득이요.

☐ ___________ **it up, please.** 주유 만땅이요, 주유 가득이요.

☐ **Fill out this** ___________. 이거 작성해 주세요.

☐ ___________ **keepers.** 먼저 찾은 사람이 임자야.

☐ **Fingers** ___________. 행운을 빌어.

☐ **First** ___________, **first** ___________. 선착순이야.

☐ **First** ___________ **first.** 중요한 것부터가 먼저야.

☐ **(Go)** ___________ **your hair.** 머리 모양을 단정히 고쳐, 외모를 단정히 해.

☐ ___________ **your heart.** 마음 가는 대로 해.

☐ **For** ___________? 진짜야? 진심이야?

☐ **For your own** ___________. 모두 널 위해서 그런 거야.

☐ ___________ **about it.** 신경 쓰지 마, 잊어 버려.

☐ ___________ **now on.** 지금부터, 지금 이후부터.

☐ **Get a** ___________. 참견 마, 정신 좀 차려.

☐ **Get him on the** ___________. 그에게 전화해 봐, 그에게 전화 걸어 봐.

☐ **Get in** ___________. 줄을 서세요, 차례를 기다려.

STEP 3-2 빈칸에 다음 통문장의 의미를 한국어로 쓰세요.

☐ Fair enough. Fair enough.

☐ Fake it till you make it.

☐ Family comes first.

☐ Feel free to look around.

☐ Fill her up.

☐ Fill it up, please.

☐ Fill out this form.

☐ Finders keepers.

☐ Fingers crossed.

☐ First come, first served.

☐ First things first.

☐ (Go) Fix your hair.

☐ Follow your heart.

☐ For real?

☐ For your own good.

☐ Forget about it.

☐ From now on.

☐ Get a life.

☐ Get him on the phone.

☐ Get in line.

살아있는 애니메이션과 영화로 진짜 읽고, 쓰고, 듣고, 말하게 만들어
국제학교 학생들만큼 영어를 잘하게 해주는

대치동 기적의 중학영어 통문장 훈련

세상에 없던, 대한민국 유일의 주니어용 스피킹 & 리스닝 미드 교재

DAY

14

30 days

AI 학습자료와 인강 **youpass.co.kr**

STEP 1 | 무조건, QR 찍고 미드 듣고 따라 말하기(Speaking)

오늘 배울 표현을 미리 확인하고 나의 약점을 찾아보는 시간입니다. 5회 반복 리얼 스피킹 연습 실제 영화 동영상을 보면서 먼저 모르는 표현에 체크를 해 보세요. 이것이 바로 **TV**, 영화, 드라마, 애니메이션 그리고 진짜 살아 있는 현실의 영어를 배울 수 있는 가장 좋은 시작입니다.

리얼 스피킹 연습
실제 영화 동영상

- ☐ **Get in the car, in the car.**
- ☐ **Get off my back.**
- ☐ **Get off of me.**
- ☐ **Get out of my office!**
- ☐ **Get over here. Get over here.**
- ☐ **Get some rest.**
- ☐ **Get to the point.**
- ☐ **Get your shit together, man.**
- ☐ **Give it a rest.**
- ☐ **Give it time.**
- ☐ **Give it to me straight.**
- ☐ **Give me a ballpark figure. How much?**
- ☐ **Give me a break.**
- ☐ **(Please) Give me a chance.**
- ☐ **Give me another chance, please.**
- ☐ **Give me your hand.**
- ☐ **Give up! Give up!**
- ☐ **Go ahead.**
- ☐ **Go easy on me.**
- ☐ **Go for it!**

STEP 2 | QR 찍고 5번 따라 읽고 1번 따라 쓰기(Writing)

읽고 쓰는 능력과 함께 입과 귀도 터주는 대치동 기적의 중학영어 1800 통문장입니다. 먼저 5회 반복 학교 표준 영상을 틀고 다음 페이지로 넘어가 책을 보면서 5번씩 따라 읽기한 후, 1번씩 따라 쓰세요. 대치동 기적의 중학영어 시리즈 3권에는 1800개 대화 세트 총 3600개의 통문장이 들어 있습니다.

5회 반복
학교 표준 영상

0261 **Get in the car, in the car.** 차에 타.

A: **We're running late. Get in the car! We need to leave now!**

We're running late. Get in the car! We need to leave now!

B: **Okay, okay! I'm coming!**

A: 우리 늦었어. 차 타! 지금 출발 해야 해!
B: 알았어, 알았어! 지금 가!

0262 **Get off my back.** 나 좀 그만 괴롭혀, 저리 꺼져.

A: **Did you finish your homework?**

B: **I will, okay? Get off my back!**

A: 숙제 다 했어?
B: 할 거야, 알았지? 그만 잔소리 해!

0263 **Get off of me.** 나한테서 떨어져, 저리 가라고.

A: **Can I help you with that?**

B: **Get off of me. I'm fine.**

A: 내가 좀 도와줄까?
B: 건드리지 마. 나 혼자 할 수 있어.

0264 **Get out of my office!** 내 사무실에서 나가.

A: **Can I talk to you?**

B: **Get out of my office! I'm too busy right now.**

A: 잠깐 얘기 좀 할 수 있을까?
B: 내 사무실에서 나가! 지금 너무 바빠.

0265 **Get over here. Get over here.** 이리 와, 이쪽으로 와.

A: Where are you?

B: By the door. Get over here!

A: 어디야?
B: 문 옆이야. 이리 와!

0266 **Get some rest.** 좀 쉬도록 해.

A: I'm feeling drained. I've been so busy lately.

B: Get some rest. You've been working non-stop, and your body probably needs a break.

A: 요즘 너무 지쳤어. 너무 바빴거든.
B: 좀 쉬어. 계속 일만 했잖아. 몸도 쉬어야지.

0267 **Get to the point.** 요점만 말해.

A: I've been thinking about this for a while.

B: Just get to the point. What do you wanna say?

A: 이 일 계속 생각해봤는데…
B: 그냥 본론만 말해. 하고 싶은 말이 뭔데?

0268 **Get your shit together, man.** 정신 좀 차려.

A: I keep forgetting things.

B: You needa get your shit together, seriously.

A: 자꾸 깜빡깜빡해.
B: 넌 진짜 정신 좀 차려야 해. 너무 심각해.

"needa"는 "need to"를 빠르게 말할 때 나오는 구어체 축약 표현입니다. 글쓰기에서는 사용하지 않고 말할 때만 주로 사용하는 소리 표현으로 의미는 "~해야 해", "~할 필요가 있어"의 뜻입니다. 유사한 축약 표현으로는 **gonna = going to, wanna = want to, gotta = have got to** 등이 있습니다.

0269 **Give it a rest.** 적당히 좀 해, 그만 좀 해.

A: I can't believe what happened. I can't believe. I can't.

B: Give it a rest. You're gonna drive yourself crazy.

A: 이런 일이 일어나다니 믿을 수 없어. 정말 못 믿겠어…
B: 좀 그만해. 그러다 진짜 미칠라.

Give it a rest는 상대방이 같은 말을 계속해서 할 때 "그만 좀 해라"라는 의미로 자주 쓰입니다. 따라서 맥락에 따라 살짝 차가운 느낌이 들 수 있습니다.

0270 **Give it time.** 시간을 갖고 기다려 봐.

A: Things aren't going as expected.

B: Give it time. Things will fall into place.

A: 일이 예상대로 안 흘러가고 있어.
B: 시간이 좀 필요할 뿐이야. 곧 제자리를 찾을 거야.

0271 **Give it to me straight.** 숨기지 말고 말해 봐.

A: I have some news.

B: Give it to me straight.

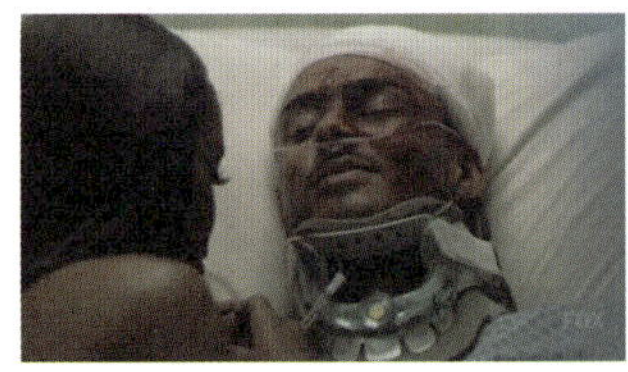

A: 좋은 소식이 있어.
B: 솔직하게 말해 봐.

0272 **Give me a ballpark figure. How much?** 대략적인 수치라도 말해 봐.

A: How much would that cost? Give me a ballpark figure.

B: Hmm, I'd say somewhere around $500, give or take.

A: 그거 얼마쯤 들까? 대략적으로라도 알려줘.
B: 음, 대충 500 달러쯤? 왔다 갔다 할 거야.

0273 **Give me a break.** 나 좀 놔 둬, 저리 좀 가.

A: **You're always late. We can't keep waiting around for you every time.**

B: **Give me a break! I've been juggling a million things lately. I'm doing my best.**

A: 너 항상 늦잖아. 매번 널 기다릴 수는 없어.
B: 좀 봐줘! 요즘 진짜 정신없었단 말이야. 나도 최선을 다하고 있어.

0274 **(Please) Give me a chance.** 나한테 기회를 줘.

A: **I don't think you can do it.**

B: **Give me a chance. I'll prove you wrong.**

A: 넌 못할 것 같은데.
B: 나한테 기회를 줘. 내가 보여줄게.

0275 **Give me another chance, please.** 한 번 더 기회를 줘.

A: **Give me another chance.**

B: **Alright, I'll give you another chance, but you've got to make it count.**

A: 한 번만 더 기회를 줘.
B: 알았어, 한 번만 더 줄게. 이번엔 제대로 해.

0276 **Give me your hand.** 손 내밀어, 손 좀 줘 봐.

A: **Give me your hand.**

B: **Why? What are you doing?**

A: 손 좀 줘봐.
B: 왜? 뭐 하려는 건데?

0277 **Give up! Give up!** 포기해 포기!

A: It's time to give up smoking.

B: Yeah, I know. I just need to find the right moment to quit.

A: 이제 담배 끊어야 할 때야.
B: 그래. 알아. 타이밍만 좀 잘 잡으면 끊을 거야.

0278 **Go ahead.** 먼저 해, 먼저 가.

A: So... shall I go first during the presentation? I can explain the introduction part.

B: Yep, go ahead. That'll make it flow better for the rest of us.

A: 그럼… 발표할 때 내가 먼저 할까? 소개 부분 맡을게.
B: 응, 그렇게 해. 그게 흐름도 더 자연스러울 거야.

0279 **Go easy on me.** 나한테 살살 대해 줘, 살살 할게.

A: I'm new at this game.

B: Alright, I'll go easy on you.

A: 이 게임 처음 해봐.
B: 알겠어, 살살 할게.

0280 **Go for it!** 도전해봐, 한 번 해봐! 파이팅!

A: I'm not sure if I should try it.

B: Go for it! You won't regret it.

A: 이거 내가 해야 하는 건지 잘 모르겠어.
B: 해봐! 절대 후회 안 할 거야.

MAGIC 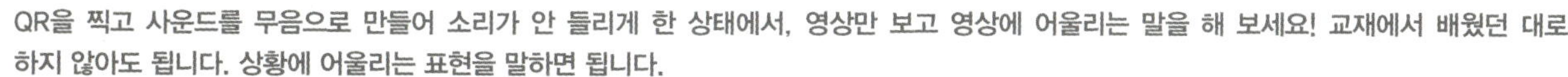 대기중, 입이 터지는 더빙(Dubbing)

QR을 찍고 사운드를 무음으로 만들어 소리가 안 들리게 한 상태에서, 영상만 보고 영상에 어울리는 말을 해 보세요! 교재에서 배웠던 대로 하지 않아도 됩니다. 상황에 어울리는 표현을 말하면 됩니다.

리얼 스피킹 연습
실제 영화 동영상

STEP 3 | 도전! 영화보고 받아쓰기(Dictation)

오늘 배운 표현을 확인하고 완전히 나의 것으로 만드는 시간입니다. 5회 반복 리얼 스피킹 연습 실제 영화 동영상을 활용해 STEP 3-1과 3-2를 완성하세요.

리얼 스피킹 연습
실제 영화 동영상

STEP 3-1 빈칸에 정확한 표현을 Dictation 하세요.

☐ **Get in the ___________, in the ___________.** 차에 타.

☐ **Get off my ___________.** 나 좀 그만 괴롭혀, 저리 꺼져.

☐ **___________ off of me.** 나한테서 떨어져, 저리가라고.

☐ **Get out of my ___________!** 내 사무실에서 나가.

☐ **Get ___________ here. Get ___________ here.** 이리 와, 이쪽으로 와.

☐ **Get some ___________.** 좀 쉬도록 해.

☐ **Get to the ___________.** 요점만 말해.

☐ **Get your ___________ ___________, man.** 정신 좀 차려.

☐ **Give it a ___________.** 적당히 좀 해, 그만 좀 해.

☐ **Give it ___________.** 시간을 갖고 기다려 봐.

☐ **Give it to me ___________.** 숨기지 말고 말해 봐.

☐ **Give me a ___________ ___________. How much?** 대략적인 수치라도 말해 봐.

☐ **Give me a ___________.** 나 좀 놔 둬, 저리 좀 가.

☐ **(Please) Give me a ___________.** 나한테 기회를 줘.

☐ **Give me another ___________, please.** 한 번 더 기회를 줘.

☐ **Give me your ___________.** 손 내밀어, 손 좀 줘 봐.

☐ **Give ___________! Give ___________!** 포기해 포기!

☐ **Go ___________.** 먼저 해, 먼저 가.

☐ **Go ___________ on me.** 나한테 살살 대해 줘, 살살 해줘.

☐ **Go ___________ it!** 도전해봐, 한 번 해봐! 파이팅!

STEP 3-2 빈칸에 다음 통문장의 의미를 한국어로 쓰세요.

☐ **Get in the car, in the car.** ______________________

☐ **Get off my back.** ______________________

☐ **Get off of me.** ______________________

☐ **Get out of my office!** ______________________

☐ **Get over here. Get over here.** ______________________

☐ **Get some rest.** ______________________

☐ **Get to the point.** ______________________

☐ **Get your shit together, man.** ______________________

☐ **Give it a rest.** ______________________

☐ **Give it time.** ______________________

☐ **Give it to me straight.** ______________________

☐ **Give me a ballpark figure. How much?**

____

☐ **Give me a break.** ______________________

☐ **(Please) Give me a chance.** ______________________

☐ **Give me another chance, please.** ______________________

☐ **Give me your hand.** ______________________

☐ **Give up! Give up!** ______________________

☐ **Go ahead.** ______________________

☐ **Go easy on me.** ______________________

☐ **Go for it!** ______________________

살아있는 애니메이션과 영화로 진짜 읽고, 쓰고, 듣고, 말하게 만들어
국제학교 학생들만큼 영어를 잘하게 해주는
대치동 기적의 중학영어 통문장 훈련
세상에 없던, 대한민국 유일의 주니어용 스피킹 & 리스닝 미드 교재

DAY 15 30 days

AI 학습자료와 인강 *youpass.co.kr*

STEP 1 | 무조건, QR 찍고 미드 듣고 따라 말하기(Speaking)

오늘 배울 표현을 미리 확인하고 나의 약점을 찾아보는 시간입니다. 5회 반복 리얼 스피킹 연습 실제 영화 동영상을 보면서 먼저 모르는 표현에 체크를 해 보세요. 이것이 바로 **TV**, 영화, 드라마, 애니메이션 그리고 진짜 살아 있는 현실의 영어를 배울 수 있는 가장 좋은 시작입니다.

리얼 스피킹 연습
실제 영화 동영상

- ☐ **(Go) Get dressed.**
- ☐ **Goes in one ear, goes out the other.**
- ☐ **Good talk.**
- ☐ **Good to go?**
- ☐ **Grow up!**
- ☐ **Hand to God.**
- ☐ **Hang in there.**
- ☐ **Hang up the phone.**
- ☐ **Hang[Hold] on a second.**
- ☐ **Hard to tell.**
- ☐ **(All the) Hard work has (finally) paid off.**
- ☐ **(C'mon,) Haste makes waste.**
- ☐ **Have a good day at work.**
- ☐ **Have a seat. Have a seat.**
- ☐ **Have I ever been wrong?**
- ☐ **(Okay!) Have it your way.**
- ☐ **Have we met before?**
- ☐ **Have you learned nothing?**
- ☐ **Have you lost your mind?**
- ☐ **He asked me out.**

STEP 2 | QR 찍고 5번 따라 읽고 1번 따라 쓰기(Writing)

읽고 쓰는 능력과 함께 입과 귀도 터주는 대치동 기적의 중학영어 1800 통문장입니다. 먼저 5회 반복 학교 표준 영상을 틀고 다음 페이지로 넘어가 책을 보면서 5번씩 따라 읽기한 후, 1번씩 따라 쓰세요. 대치동 기적의 중학영어 시리즈 3권에는 1800개 대화 세트 총 3600개의 통문장이 들어 있습니다.

5회 반복
학교 표준 영상

0281 **(Go) Get dressed.** 가서 옷 입어.

A: **We're gonna be late for the party!**

We're gonna be late for the party!

B: **Okay, okay! I'll go get dressed now.**

A: 우리 파티 늦겠다!
B: 알았어, 알았어! 지금 옷 갈아 입을게.

0282 **Goes in one ear, goes out the other.** 한 귀로 듣고 한 귀로 흘려, 말해 봤자 소용없어.

A: **I've told him the same thing a hundred times, but he still doesn't get it.**

B: **Sounds like it just goes in one ear and out the other with him.**

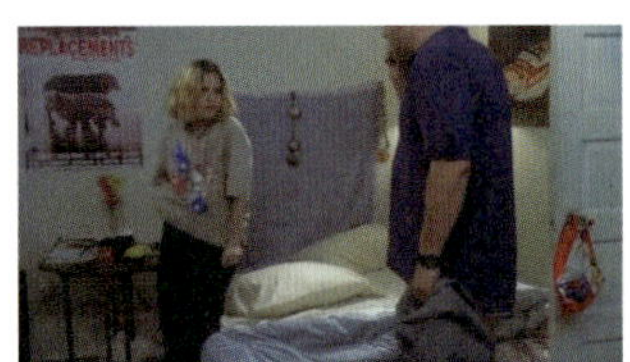

A: 내가 그 얘기를 백 번은 했는 데도 아직도 못 알아들어.
B: 걔는 그냥 한 귀로 듣고 한 귀 로 흘리는 스타일인가 봐.

0283 **Good talk.** 얘기 즐거웠어.

A: **That was a great discussion.**

B: **Yeah, good talk.**

A: 진짜 좋은 대화였어.
B: 응, 좋은 얘기였어.

0284 **Good to go?** 다 됐어? 다 됐어 하자, 가도 돼.

A: **Are we ready to leave?**

B: **Awesome! Good to go. Everything's packed.**

A: 이제 출발할 준비됐어?
B: 완전 좋아! 다 챙겼어. 출발하 자.

0285　Grow up! 철 좀 들어라!

A: Why are you acting like this? You're being so childish! Oh, come on! Grow up!

B: I'm sorry. I didn't mean to upset you. I'll calm down and handle it better.

A: 왜 이러는 거야? 너무 유치하게 굴잖아! 아, 진짜! 철 좀 들어!
B: 미안해. 너 화나게 하려던 건 아니었어. 진정하고 잘 처리할게.

0286　Hand to God. 하늘에 맹세해.

A: You actually finished the whole project in one day? Really?

B: Hand to God. I did!

A: 너 진짜 하루 만에 그 프로젝트 다 끝낸 거야? 진짜?
B: 맹세해. 진짜야!

0287　Hang in there. 좀 더 버텨봐.

A: I don't know if I can do this.

B: Hang in there. You've got this!

A: 이걸 내가 해낼 수 있을지 모르겠어.
B: 버텨봐. 넌 할 수 있어!

"You've got this!"는 영어에서 매우 자주 쓰이는 격려 표현입니다. 이 표현은 누군가에게 자신감을 심어주고, "넌 잘할 수 있어!", "힘 내면 곧 성공이야!" 또는 "너라면 할 수 있어!"라는 의미로 쓰입니다.

0288　Hang up the phone. 전화 끊어.

A: I'm still on the call.

B: Hang up the phone. We need to go!

A: 나 아직 통화 중이야.
B: 전화 끊어. 이제 가야 해!

0289 **Hang[Hold] on a second.** 잠깐만요, 잠시만 기다려 주세요.

A: We need to finish the plan for the next project.

B: Hang on a second. I've got another call. I'll finish this and call you back.

A: 다음 프로젝트 계획 마무리해야 해.
B: 잠깐만. 지금 다른 전화 받고 있어. 이거 끝나고 다시 전화할게.

0290 **Hard to tell.** 딱 뭐라 말하기가 어렵네.

A: Do you think he's lying?

B: I'm not sure. It's hard to tell.

A: 걔 거짓말하는 것 같지 않아?
B: 글쎄… 잘 모르겠어. 판단하기 어려워.

0291 **(All the) Hard work has (finally) paid off.** 고생한 보람이 있네, 노력한 결실이 나오고 있어.

A: You did so well! All the hard work has paid off.

B: Thank you! It feels great to see it all come together after all the effort.

A: 정말 잘했어! 노력한 보람이 있네.
B: 고마워! 모든 게 잘 풀려서 기분 정말 좋아.

0292 **(C'mon,) Haste makes waste.** 서두르면 일을 망쳐.

A: I'm rushing to get this done.

B: Take your time. Haste makes waste.

A: 지금 빨리 끝내려고 서두르고 있어.
B: 천천히 해. 서두르면 일을 망쳐.

0293 **Have a good day at work.** 회사 잘 다녀오세요.

A: **I'm heading out.**

B: **Alright, have a good day at work!**

A: 나 이제 나갈게.
B: 알았어, 일 잘 다녀와!

0294 **Have a seat.** Have a seat. 좀 앉아.

A: **Have a seat. You've been standing for a while.**

B: **I appreciate it, but I'll stand, thanks. I'm okay for now. I actually prefer standing.**

A: 앉아. 꽤 오래 서 있었잖아.
B: 고맙지만 괜찮아. 난 서 있는 게 더 편해.

0295 **Have I ever been wrong?** 내가 틀리는 거 봤어?

A: **Are you sure about that?**

B: **Have I ever been wrong?**

A: 진짜 확실해?
B: 내가 틀린 적 있었어?

0296 **(Okay!) Have it your way.** 좋을 대로 해. 너 하고 싶은 대로 해.

A: **I think we should go this way.**

B: **Have it your way.**

A: 난 이쪽으로 가는 게 좋을 것 같아.
B: 네 마음대로 해.

0297 **Have we met before?** 우리 만난 적 있나요?

A: You seem familiar. Have we met before?

B: I was just about to ask you the same thing!

A: 너 어디서 본 적 있는 것 같은
  데? 우리 만난 적 있어?
B: 나도 그 얘기 하려고 했어!

0298 **Have you learned nothing?** 아무 것도 배운 게 없는 거야?

A: I think I'll go back to my ex.

B: Oh, come on! Have you learned nothing?

A: 나 다시 전 남친한테 돌아갈까
  해.
B: 아, 제발! 아무것도 안 배운 거
  야?

"ex"는 **"ex-boyfriend"** 또는 **"ex-girlfriend"**의 줄임말로, 헤어진 전 남자친구 또는 전 여자친구를 뜻합니다. 일반적으로 과거의 연인을 말할 때 사용합니다. 성별에 상관없이 그냥 **"ex"**라고만 해도 대화 상대가 맥락을 통해 이해할 수 있는 경우가 많기 때문에 사적인 대화에서 간단하게 말하는 데 사용합니다.

0299 **Have you lost your mind?** 정신 나갔냐? 너 제정신이야?

A: Have you lost your mind? That's way too much!

B: I know it sounds crazy, but I couldn't resist. It's something I've wanted for a long time!

A: 너 제정신이야? 그건 너무 심
  하잖아!
B: 나도 좀 무리인 거 알지만…
  진짜 오래전부터 갖고 싶던 거
  였어!

0300 **He asked me out.** 그가 나한테 데이트 신청했어.

A: How did it go?

B: He asked me out, and I said yes!

A: 어떻게 됐어?
B: 걔가 데이트 신청했어, 난 승낙
  했지!

MAGIC  대기중, 입이 터지는 더빙(Dubbing)

QR을 찍고 사운드를 무음으로 만들어 소리가 안 들리게 한 상태에서, 영상만 보고 영상에 어울리는 말을 해 보세요! 교재에서 배웠던 대로 하지 않아도 됩니다. 상황에 어울리는 표현을 말하면 됩니다.

리얼 스피킹 연습
실제 영화 동영상

STEP 3 | 도전! 영화보고 받아쓰기(Dictation)

오늘 배운 표현을 확인하고 완전히 나의 것으로 만드는 시간입니다. **5회 반복 리얼 스피킹 연습 실제 영화 동영상**을 활용해 **STEP 3-1**과 **3-2**를 완성하세요.

리얼 스피킹 연습
실제 영화 동영상

STEP 3-1 빈칸에 정확한 표현을 Dictation 하세요.

- ☐ **(Go) Get ___________.** 가서 옷 입어.
- ☐ **___________ in one ear, ___________ out the other.** 한 귀로 듣고 한 귀로 흘려, 말해봤자 소용없어.
- ☐ **Good ___________.** 얘기 즐거웠어.
- ☐ **Good to ___________?** 다 됐어? 다 됐어 하자, 가도 돼.
- ☐ **___________ up!** 철 좀 들어라!
- ☐ **___________ to God.** 하늘에 맹세해.
- ☐ **___________ in there.** 좀 더 버텨봐.
- ☐ **Hang ___________ the phone.** 전화 끊어.
- ☐ **Hang[Hold] on a ___________.** 잠깐만요, 잠시만 기다려 주세요.
- ☐ **___________ to tell.** 딱 뭐라 말하기가 어렵네.
- ☐ **(All the) Hard work has (finally) ___________ off.** 고생한 보람이 있네, 노력한 결실이 나오고 있어.
- ☐ **(C'mon,) ___________ makes waste.** 서두르면 일을 망쳐.
- ☐ **Have a good day at ___________.** 회사 잘 다녀오세요.
- ☐ **Have a ___________. Have a ___________.** 좀 앉아.
- ☐ **Have I ever been ___________?** 내가 틀리는 거 봤어?
- ☐ **(Okay!) Have it your ___________.** 좋을 대로 해, 너 하고 싶은 대로 해.
- ☐ **Have we met ___________?** 우리 만난 적 있나요?
- ☐ **Have you ___________ nothing?** 아무 것도 배운 게 없는 거야?
- ☐ **Have you ___________ your ___________?** 정신 나갔냐? 너 제정신이야?
- ☐ **He ___________ me out.** 그가 나한테 데이트 신청했어.

STEP 3-2 빈칸에 다음 통문장의 의미를 한국어로 쓰세요.

☐ **(Go) Get dressed.** ______________________

☐ **Goes in one ear, goes out the other.** ______________________

____

☐ **Good talk.** ______________________

☐ **Good to go?** ______________________

☐ **Grow up!** ______________________

☐ **Hand to God.** ______________________

☐ **Hang in there.** ______________________

☐ **Hang up the phone.** ______________________

☐ **Hang[Hold] on a second.** ______________________

☐ **Hard to tell.** ______________________

☐ **(All the) Hard work has (finally) paid off.** ______________________

____

☐ **(C'mon,) Haste makes waste.** ______________________

☐ **Have a good day at work.** ______________________

☐ **Have a seat. Have a seat.** ______________________

☐ **Have I ever been wrong?** ______________________

☐ **(Okay!) Have it your way.** ______________________

☐ **Have we met before?** ______________________

☐ **Have you learned nothing?** ______________________

☐ **Have you lost your mind?** ______________________

☐ **He asked me out.** ______________________

살아있는 애니메이션과 영화로 진짜 읽고, 쓰고, 듣고, 말하게 만들어
국제학교 학생들만큼 영어를 잘하게 해주는
대치동 기적의 중학영어 통문장 훈련
세상에 없던, 대한민국 유일의 주니어용 스피킹 & 리스닝 미드 교재

DAY 16
30 days

AI 학습자료와 인강 youpass.co.kr

STEP 1 | 무조건, **QR** 찍고 미드 듣고 따라 말하기(Speaking)

리얼 스피킹 연습
실제 영화 동영상

오늘 배울 표현을 미리 확인하고 나의 약점을 찾아보는 시간입니다. **5회** 반복 리얼 스피킹 연습 실제 영화 동영상을 보면서 먼저 모르는 표현에 체크를 해 보세요. 이것이 바로 **TV**, 영화, 드라마, 애니메이션 그리고 진짜 살아 있는 현실의 영어를 배울 수 있는 가장 좋은 시작입니다.

- ☐ He came out of nowhere.
- ☐ (I don't think) He can create something from nothing.
- ☐ He didn't show up.
- ☐ Mom[She/He] doesn't like to be kept waiting.
- ☐ He dumped me.
- ☐ He hit on me.
- ☐ He is funny.
- ☐ He is Mr. Right.
- ☐ He is my favorite player of all time.
- ☐ He moved out.
- ☐ He needs to see a doctor.
- ☐ He seems like a good guy.
- ☐ She[He] stood me up.
- ☐ He was right behind me.
- ☐ She[He] was taken to the hospital for treatment.
- ☐ She's[He's] about your age.
- ☐ (And) He's all alone.
- ☐ He's expecting your call.
- ☐ He's... He's good-looking.
- ☐ He's harmless.

STEP 2 | QR 찍고 **5번** 따라 읽고 **1번** 따라 쓰기(Writing)

5회 반복
학교 표준 영상

읽고 쓰는 능력과 함께 입과 귀도 터주는 대치동 기적의 중학영어 1800 통문장입니다. 먼저 **5회** 반복 학교 표준 영상을 틀고 다음 페이지로 넘어가 책을 보면서 **5번**씩 따라 읽기한 후, **1번**씩 따라 쓰세요. 대치동 기적의 중학영어 시리즈 3권에는 **1800개** 대화 세트 총 **3600개**의 통문장이 들어 있습니다.

0301 He came out of nowhere. 그가 갑자기 나타났어.

A: What happened?

What happened?

B: He came out of nowhere and scared me half to death!

A: 무슨 일이야?
B: 어떤 남자가 갑자기 튀어나와서 나 완전 깜짝 놀랐어!

"Half to death"는 관용 표현으로, 말 그대로 해석하면 "죽을 만큼"이라는 뜻입니다. 하지만 실제로 죽는다는 의미는 아니고, 정말 엄청나게 놀라거나, 무섭거나, 화나거나 했다는 과장된 표현입니다.

0302 (I don't think) He can create something from nothing. 그래도 무에서 유를 창조할 수는 없을 거야.

A: How did he build his business?

B: He literally created something out of nothing. Pretty impressive.

A: 걔는 어떻게 사업을 키운 거야?
B: 말 그대로 무(無)에서 유(有)를 창조한 거야. 정말 대단하지.

0303 He didn't show up. 그는 나타나지 않았어, 나 바람 맞았어.

A: Where's John?

B: He didn't show up.

A: 존 어디 있어?
B: 안 왔어.

0304 Mom[She/He] doesn't like to be kept waiting. 엄마[그녀/그]는 기다리는 거 싫어해.

A: The boss is here.

B: Let's go. He doesn't like to be kept waiting.

A: 사장님 오셨어.
B: 가자. 기다리게 하면 안 좋아하시잖아.

0305 **He dumped me.** 그가 날 찼어. 그가 날 버렸어.

A: **You don't look so good. What's wrong?**

B: **He dumped me. I can't believe it's over.**

A: 너 안 좋아 보여. 무슨 일 있어?
B: 나 차였어. 끝났다는 게 믿기지가 않아.

0306 **He hit on me.** 그가 나에게 작업 걸었어.

A: **What happened last night? You seemed a little upset.**

B: **Well, he hit on me. I wasn't expecting it, and it made me uncomfortable.**

A: 어젯밤에 무슨 일이 있었던 거야? 좀 불편해 보였어.
B: 사실, 걔가 나한테 작업 걸었어. 예상 못 해서 좀 불쾌했어.

0307 **He is funny.** 그는 웃겨. 그는 재미있어.

A: **Did you hear his joke?**

B: **Yeah, he is funny!**

A: 걔 농담 들었어?
B: 응, 진짜 웃기더라!

0308 **He is Mr. Right.** 그는 완벽한 배우자감이야.

A: **She finally found someone she really likes.**

B: **Yeah, he is Mr. Right.**

A: 걔 드디어 정말 좋아하는 사람을 만났대.
B: 응 알아, 완벽한 배우자감이던데.

0309 He is my favorite player of all time. 그는 내가 가장 좋아하는 선수야.

A: **He is my favorite player of all time.**

B: **Yeah, he's a legend.**

A: 걘 내가 제일 좋아하는 선수야.
B: 맞아, 완전 전설이지.

0310 He moved out. 그는 이사 갔어.

A: **Where's John?**

B: **He moved out last week. He's in a new place now.**

A: 존 어디 갔어?
B: 지난주에 이사 갔어. 지금은 새 집에 있어.

0311 He needs to see a doctor. 얘를 병원에 데려가야 할 것 같아.

A: **He needs to see a doctor.**

B: **I'll take him right away.**

A: 이 남자 병원 데려가야 할 것 같은데?
B: 내가 바로 데려갈게.

0312 He seems like a good guy. 그는 좋은 사람 같아.

A: **What do you think of him?**

B: **He seems like a good guy. He's nice.**

A: 걔 어때 보여?
B: 괜찮은 사람 같아. 착하더라.

0313 **She[He] stood me up.** 그녀[그]가 날 바람맞혔어.

A: Did she show up?

B: She stood me up. I waited for an hour.

A: 걔 왔어?
B: 아니, 나 바람 맞았어. 한 시간이나 기다렸는데.

0314 **He was right behind me.** 그가 바로 내 뒤에 있었어.

A: Where did he go?

B: He was right behind me, but I don't know what happened.

A: 걔 어디 갔어?
B: 바로 뒤에 있었는데, 어떻게 된 건지 모르겠어.

0315 **She[He] was taken to the hospital for treatment.** 그녀[그]는 병원에 실려 갔어.

A: Where's John?

B: He wasn't feeling well. He was taken to the hospital.

A: 존 어디 있어?
B: 몸이 안 좋아서 병원에 실려 갔어.

0316 **She's[He's] about your age.** 그녀[그]는 네 나이 또래야.

A: How old is he?

B: He's about your age, maybe a little bit older.

A: 걔 몇 살이야?
B: 너랑 비슷할걸? 조금 더 많을 수도 있고.

0317 **(And) He's all alone.** 그는 혼자 있어, 그는 항상 혼자야.

A: Is he with his friends?

B: No, he's all alone.

A: 걔 친구들이랑 있어?
B: 아니, 혼자야.

0318 **He's expecting your call.** 그가 네 전화를 기다리고 있어.

A: Should I call him now?

B: He's expecting your call, so go ahead.

A: 지금 걔한테 전화할까?
B: 네 전화를 기다리고 있을 거야.
어서 해봐.

0319 **He's... He's good-looking.** 걔는 잘생겼어.

A: What do you think of him?

B: He's good looking, no doubt about that.

A: 걔 어때 보여?
B: 잘생겼지, 그건 확실해.

0320 **He's harmless.** 그는 악의는 없어, 그가 누굴 해칠 사람은 아니야.

A: That guy looks suspicious.

B: Nah, he's harmless.

A: 저 사람 좀 수상해 보여.
B: 아냐, 해 없는 사람이야.

Nah는 **No**를 대신하는 부정표현으로 비슷한 표현으로는 **Negative, Never, No way, Nope, Nuh-uh** 등이 있습니다.

MAGIC 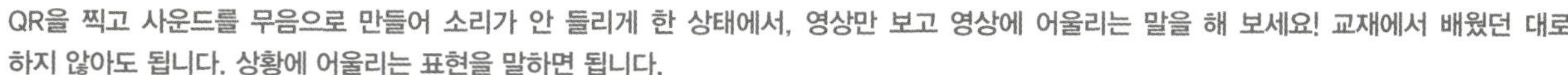 대기중, 입이 터지는 더빙(Dubbing)

QR을 찍고 사운드를 무음으로 만들어 소리가 안 들리게 한 상태에서, 영상만 보고 영상에 어울리는 말을 해 보세요! 교재에서 배웠던 대로 하지 않아도 됩니다. 상황에 어울리는 표현을 말하면 됩니다.

STEP 3 | 도전! 영화보고 받아쓰기(Dictation)

오늘 배운 표현을 확인하고 완전히 나의 것으로 만드는 시간입니다. 5회 반복 리얼 스피킹 연습 실제 영화 동영상을 활용해 STEP 3-1과 3-2를 완성하세요.

STEP 3-1 빈칸에 정확한 표현을 Dictation 하세요.

☐ **He came out of __________.** 그가 갑자기 나타났어.

☐ **(I don't think) He can __________ something from __________.**
그라도 무에서 유를 창조할 수는 없을 거야.

☐ **He didn't __________ up.** 그는 나타나지 않았어, 나 바람 맞았어.

☐ **Mom[She/He] doesn't like to be kept __________.** 엄마[그녀/그]는 기다리는 거 싫어해.

☐ **He __________ me.** 그가 날 찼어, 그가 날 버렸어.

☐ **He __________ on me.** 그가 나에게 작업 걸었어.

☐ **He is __________.** 그는 웃겨, 그는 재미있어.

☐ **He is Mr. __________.** 그는 완벽한 배우자감이야.

☐ **He is my __________ player of all time.** 그는 내가 가장 좋아하는 선수야.

☐ **He __________ out.** 그는 이사 갔어.

☐ **He needs to see a __________.** 얘를 병원에 데려가야 할 것 같아.

☐ **He __________ like a good guy.** 그는 좋은 사람 같아.

☐ **She[He] __________ me up.** 그녀[그]가 날 바람맞혔어.

☐ **He was right __________ me.** 그가 바로 내 뒤에 있었어.

☐ **She[He] was taken to the __________ for __________.** 그녀[그]는 병원에 실려 갔어.

☐ **She's[He's] __________ your __________.** 그녀[그]는 네 나이 또래야.

☐ **(And) He's all __________.** 그는 혼자 있어, 그는 항상 혼자야.

☐ **He's __________ your call.** 그가 네 전화를 기다리고 있어.

☐ **__________... __________ good-looking.** 걔는 잘생겼어.

☐ **He's __________.** 그는 악의는 없어, 그가 누굴 해칠 사람은 아니야.

STEP 3-2 빈칸에 다음 통문장의 의미를 한국어로 쓰세요.

☐ He came out of nowhere. _______________

☐ (I don't think) He can create something from nothing. _______________

☐ He didn't show up. _______________

☐ Mom[She/He] doesn't like to be kept waiting. _______________

☐ He dumped me. _______________

☐ He hit on me. _______________

☐ He is funny. _______________

☐ He is Mr. Right. _______________

☐ He is my favorite player of all time. _______________

☐ He moved out. _______________

☐ He needs to see a doctor. _______________

☐ He seems like a good guy. _______________

☐ She[He] stood me up. _______________

☐ He was right behind me. _______________

☐ She[He] was taken to the hospital for treatment. _______________

☐ She's[He's] about your age. _______________

☐ (And) He's all alone. _______________

☐ He's expecting your call. _______________

☐ He's... He's good-looking. _______________

☐ He's harmless. _______________

살아있는 애니메이션과 영화로 진짜 읽고, 쓰고, 듣고, 말하게 만들어
국제학교 학생들만큼 영어를 잘하게 해주는
대치동 기적의 중학영어 통문장 훈련
세상에 없던, 대한민국 유일의 주니어용 스피킹 & 리스닝 미드 교재

DAY
17
30 days

DAY 01 02 03 04 05 06 07 08 09 10 11 12 13 14 15 16 **17** 18 19 20 21 22 23 24 25 26 27 28 29 30

AI 학습자료와 인강 **youpass.co.kr**

STEP 1 | 무조건, **QR** 찍고 미드 듣고 따라 말하기(Speaking)

리얼 스피킹 연습
실제 영화 동영상

오늘 배울 표현을 미리 확인하고 나의 약점을 찾아보는 시간입니다. 5회 반복 리얼 스피킹 연습 실제 영화 동영상을 보면서 먼저 모르는 표현에 체크를 해 보세요. 이것이 바로 **TV**, 영화, 드라마, 애니메이션 그리고 진짜 살아 있는 현실의 영어를 배울 수 있는 가장 좋은 시작입니다.

- ☐ **(Are you kidding me?) He's head over heels for you.**
- ☐ **He's not much of a talker.**
- ☐ **He's right there, man.**
- ☐ **He's taking advantage of you[her].**
- ☐ **He's trying to save face.**
- ☐ **Hear me out.**
- ☐ **Here goes nothing.**
- ☐ **Here we go!**
- ☐ **Here's my number.**
- ☐ **Here's the thing.**
- ☐ **Hit the lights!**
- ☐ **(You) Hit the nail on the head.**
- ☐ **(Really) Hit the spot.**
- ☐ **Hold out your hand.**
- ☐ **Hold still. Honey, hold still.**
- ☐ **Hold your horses.**
- ☐ **(How about) A movie marathon?**
- ☐ **How are you feeling?**
- ☐ **How are you holding up?**
- ☐ **How are you so good at this[that]?**

STEP 2 | QR 찍고 5번 따라 읽고 1번 따라 쓰기(Writing)

5회 반복
학교 표준 영상

읽고 쓰는 능력과 함께 입과 귀도 터주는 대치동 기적의 중학영어 1800 통문장입니다. 먼저 5회 반복 학교 표준 영상을 틀고 다음 페이지로 넘어가 책을 보면서 **5번씩** 따라 읽기한 후, **1번씩** 따라 쓰세요. 대치동 기적의 중학영어 시리즈 3권에는 **1800개** 대화 세트 총 **3600개**의 통문장이 들어 있습니다.

0321 (Are you kidding me?) He's head over heels for you. 장난쳐? 그는 완전히 너에게 빠져있어.

A: He's so in love with you. He's head over heels for you.

He's so in love with you. He's head over heels for you.

B: Really? I had no idea! That's sweet to hear.

A: 걔 너한테 푹 빠졌어. 완전 사랑에 빠졌더라.
B: 진짜? 전혀 몰랐어! 듣기 좋은데.

"He's head over heels for you."는 아주 오래된 영어 관용 표현으로, "그가 너에게 푹 빠졌어." 또는 "너한테 홀딱 반했어."라는 뜻입니다. 즉 사랑에 빠진 감정을 과장해서 표현한 말로 표현을 분석하자면 **head over heels**는 "머리가 뒤집힐 정도로", "중심을 잃고 구를 정도로" 감정에 푹 빠진 상태를 말합니다. 비슷한 표현으로는 **He's totally into you.**나 **He's crazy about you.** 또는 **He's smitten with you.** 등이 있습니다.

0322 He's not much of a talker. 그는 과묵한 사람이야, 그는 말이 별로 없어.

A: Does he talk a lot?

B: He's not much of a talker.

A: 걔 말 많은 편이야?
B: 말수 적은 편이야.

0323 He's right there, man. 그가 바로 저기 있어, 바로 저기 있잖아.

A: Where's Tom?

B: He's right there.

A: 탐 어디 있어?
B: 바로 저기.

0324 He's taking advantage of you[her]. 그는 너[그녀]를 이용하고 있어.

A: Why are you upset?

A: 왜 화났어?
B: 걔가 그녀를 이용하고 있어. 그녀는 그걸 몰라.

B: He's taking advantage of her. She doesn't realize it.

0325 **He's trying to save face.** 그는 체면치레 하고 있는 중이야, 쪽 팔린 걸 감추고 있는 거야.

A: **He's acting like nothing happened.**

B: **He's trying to save face.**

A: 걘 아무 일도 없었던 척하는데.
B: 쪽 팔린 걸 감추고 있는 거야.
 (체면 차리려고 저러는 거야.)

0326 **Hear me out.** 내 말 끝까지 들어 봐, 잘 들어.

A: **I don't agree with you.**

B: **I get that, but can you just hear me out? I think you'll understand where I'm coming from.**

A: 난 네 말에 동의 못해.
B: 알겠는데, 내 말 좀 들어 봐. 그 러면 왜 그런지 이해할 수 있 을 거야.

0327 **Here goes nothing.** 밑져야 본전이지, 손해 볼 건 없어.

A: **Are you sure about this?**

B: **Here goes nothing. I'm gonna give it a shot.**

A: 이거 진짜 확신 있어?
B: 한 번 해 보지 뭐 잘되길 바라 야지.

0328 **Here we go!** 가자! 시작하자!

A: **Are you ready to start the game?**

B: **Yep! Here we go!**

A: 게임 시작할 준비 됐어?
B: 응! 가자!

0329   **Here's my number.** 여기 내 전화번호야.

A: It was really nice talking to you. Maybe we can hang out sometime.

B: Yeah, I'd like that. Here's my number.

A: 얘기 정말 즐거웠어. 나중에 같이 놀자.
B: 나도 좋아. 내 번호 줄게.

0330   **Here's the thing.** 실은 말이야, 그런데 있잖아.

A: I've been thinking about taking a gap year before college.

B: Here's the thing. If you wait too long, you might lose momentum and feel out of place when you start.

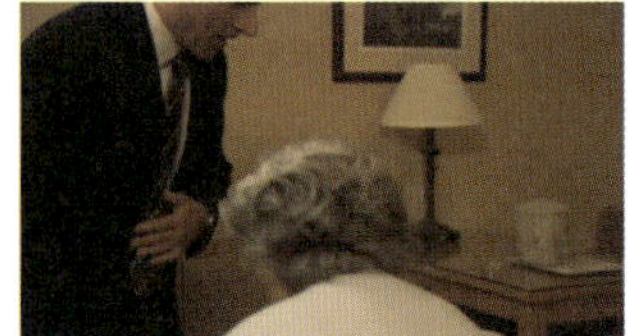

A: 대학 가기 전에 일 년 쉬는 시간을 좀 가질까 생각 중이야.
B: 그런데 말이야, 너무 오래 쉬면 다시 시작하기 힘들 수도 있어.

0331   **Hit the lights!** 불 좀 꺼[켜]줘!

A: Alright, time to watch the movie. Hit the lights!

B: You got it! Let's enjoy the movie!

A: 자, 이제 영화 볼 시간이야. 불 좀 꺼줘!
B: 알았어! 영화 즐기자!

0332   **(You) Hit the nail on the head.** 정곡을 찔러, 정확하게 짚어.

A: So, you're saying it's a communication problem?

B: Yes! You hit the nail on the head.

A: 그럼 결국 의사소통 문제가 있다는 거네?
B: 맞아! 완전 핵심을 찔렀어.

0333 **(Really) Hit the spot.** 딱 맞다, 딱 좋아, 정말 좋아.

A: **That meal was perfect.**

B: **Totally! It hit the spot like nothing else.**

A: 그 음식 진짜 완벽했어.
B: 완전 동의! 딱 먹고 싶었던 맛이었어.

0334 **Hold out your hand.** 손 펴서 내밀어 봐.

A: **I have something for you. Hold out your hand.**

B: **Sure, here you go.**

A: 너한테 줄 게 있어. 손 내밀어 봐.
B: 응, 여기.

0335 **Hold still. Honey, hold still.** 가만히 있어 얘야 가만.

A: **Ouch, what are you doing?**

B: **Fixing your tie. Hold still.**

A: 아야, 뭐 하는 거야?
B: 네 넥타이 고쳐주는 중이야. 가만히 있어봐.

0336 **Hold your horses.** 침착해, 서두르지 마.

A: **Let's go now!**

B: **Hold your horses, will you? I'm not even dressed yet! Give me a minute.**

A: 지금 가자!
B: 잠깐만 좀! 나 아직 옷도 안 입었어! 좀만 기다려.

0337 (How about) A movie marathon? 영화 몰아 보기 어때?

A: What do you feel like doing tonight?

B: How about a movie marathon?

A: 오늘 밤 뭐 하고 싶어?
B: 영화 마라톤 어때?

0338 How are you feeling? 컨디션 어때? 기분 어때?

A: How are you feeling today? You seem a little down.

B: Yeah, I'm just a bit tired. It's been a long day.

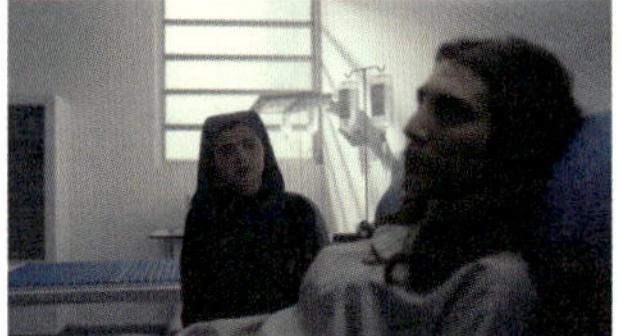

A: 오늘 좀 어때? 좀 기운 없어 보이네.
B: 응. 그냥 좀 피곤해. 긴 하루였어.

Yeah는 Yes의 대용어구로 비슷한 표현으로는 **Absolutely, All right, Awesome, Cool, Copy, Exactly, Excellent, Fine, Good, Got it, Great, Hurray, I got it, I see, Nice, No problem, Of course, Okay, Perfect, Sure, Yay, Yep, Yo, Yup** 등이 있습니다.

0339 How are you holding up? 힘들 텐데 잘 버티고 있는 거야?

A: How are you holding up? You seem a bit off.

B: I've had a rough day.

A: 괜찮아? 요즘 좀 힘들어 보여.
B: 오늘 하루가 진짜 고됐어.

0340 How are you so good at this[that]? 너 이[그]걸 어떻게 그렇게 잘 해?

A: You make it look easy! How are you so good at this? I can never get it right.

B: Oh, it's just practice! You'll get the hang of it too with time.

A: 넌 너무 쉽게 해내는 것 같아! 어떻게 이렇게 잘해? 난 전혀 못하겠던데.
B: 그냥 연습이야! 너도 시간이 지나면 익숙해질 거야.

MAGIC  대기중, 입이 터지는 더빙(Dubbing)

QR을 찍고 사운드를 무음으로 만들어 소리가 안 들리게 한 상태에서, 영상만 보고 영상에 어울리는 말을 해 보세요! 교재에서 배웠던 대로 하지 않아도 됩니다. 상황에 어울리는 표현을 말하면 됩니다.

리얼 스피킹 연습
실제 영화 동영상

STEP 3 | 도전! 영화보고 받아쓰기(Dictation)

오늘 배운 표현을 확인하고 완전히 나의 것으로 만드는 시간입니다. **5회 반복 리얼 스피킹 연습 실제 영화 동영상**을 활용해 **STEP 3-1**과 **3-2**를 완성하세요.

리얼 스피킹 연습
실제 영화 동영상

STEP 3-1 빈칸에 정확한 표현을 Dictation 하세요.

☐ **(Are you kidding me?) He's __________ over __________ for you.**

장난쳐? 그는 완전히 너에게 빠져있어.

☐ **He's not much of a __________.** 그는 과묵한 사람이야, 그는 말이 별로 없어.

☐ **He's __________ there, man.** 그가 바로 저기 있어, 바로 저기 있잖아.

☐ **He's taking __________ of you[her].** 그는 너[그녀]를 이용하고 있어.

☐ **He's __________ to save __________.** 그는 체면치레 하고 있는 중이야, 쪽 팔린 걸 감추고 있는 거야.

☐ **__________ me out.** 내 말 끝까지 들어 봐, 잘 들어.

☐ **Here goes __________.** 밑져야 본전이지, 손해 볼 건 없어.

☐ **__________ we go!** 가자! 시작하자!

☐ **Here's my __________.** 여기 내 전화번호야.

☐ **Here's the __________.** 실은 말이야, 그런데 있잖아.

☐ **Hit the __________!** 불 좀 꺼[켜]줘!

☐ **(You) Hit the __________ on the __________.** 정곡을 찔러, 정확하게 짚어.

☐ **(Really) Hit the __________.** 딱 맞다, 딱 좋아, 정말 좋아.

☐ **Hold __________ your __________.** 손 펴서 내밀어 봐.

☐ **Hold __________. Honey, hold __________.** 가만히 있어 얘야 가만.

☐ **Hold your __________.** 침착해, 서두르지 마.

☐ **(How about) A movie __________?** 영화 몰아 보기 어때?

☐ **How are you __________?** 컨디션 어때? 기분 어때?

☐ **How are you __________ up?** 힘들 텐데 잘 버티고 있는 거야?

☐ **How are you so __________ at this[that]?** 너 이[그]걸 어떻게 그렇게 잘 해?

STEP 3-2 빈칸에 다음 통문장의 의미를 한국어로 쓰세요.

☐ (Are you kidding me?) He's head over heels for you.

____

☐ He's not much of a talker.

____

☐ He's right there, man.

____

☐ He's taking advantage of you[her].

____

☐ He's trying to save face.

____

☐ Hear me out.

____

☐ Here goes nothing.

____

☐ Here we go!

____

☐ Here's my number.

____

☐ Here's the thing.

____

☐ Hit the lights!

____

☐ (You) Hit the nail on the head.

____

☐ (Really) Hit the spot.

____

☐ Hold out your hand.

____

☐ Hold still. Honey, hold still.

____

☐ Hold your horses.

____

☐ (How about) A movie marathon?

____

☐ How are you feeling?

____

☐ How are you holding up?

____

☐ How are you so good at this[that]?

____

살아있는 애니메이션과 영화로 진짜 읽고, 쓰고, 듣고, 말하게 만들어
국제학교 학생들만큼 영어를 잘하게 해주는
대치동 기적의 중학영어 통문장 훈련
세상에 없던, 대한민국 유일의 주니어용 스피킹 & 리스닝 미드 교재

AI 학습자료와 인강 **youpass.co.kr**

STEP 1 | 무조건, **QR** 찍고 미드 듣고 따라 말하기(Speaking)

오늘 배울 표현을 미리 확인하고 나의 약점을 찾아보는 시간입니다. **5회 반복 리얼 스피킹 연습** 실제 영화 동영상을 보면서 먼저 모르는 표현에 체크를 해 보세요. 이것이 바로 **TV**, 영화, 드라마, 애니메이션 그리고 진짜 살아 있는 현실의 영어를 배울 수 있는 가장 좋은 시작입니다.

리얼 스피킹 연습
실제 영화 동영상

- ☐ **(Well,) How can I put this?**
- ☐ **How can you tell?**
- ☐ **How could I forget?**
- ☐ **(How...) How did it go?**
- ☐ **How did this[that] happen?**
- ☐ **How did we end up here?**
- ☐ **How did you get in here?**
- ☐ **How did you know all that?**
- ☐ **How do I look?**
- ☐ **How do you[I] respond to something like that?**
- ☐ **How do you handle it.**
- ☐ **How did you know about this place?**
- ☐ **How do you know each other?**
- ☐ **How do you like it?**
- ☐ **How do you spell that?**
- ☐ **How far is it?**
- ☐ **How hard can it be?**
- ☐ **How long are you in town for?**
- ☐ **How long has it been?**
- ☐ **How long have you been here?**

STEP 2 | **QR** 찍고 **5번** 따라 읽고 **1번** 따라 쓰기(Writing)

읽고 쓰는 능력과 함께 입과 귀도 터주는 대치동 기적의 중학영어 1800 통문장입니다. 먼저 **5회 반복 학교 표준 영상**을 틀고 다음 페이지로 넘어가 책을 보면서 **5번씩 따라 읽기**한 후, **1번씩 따라 쓰세요.** 대치동 기적의 중학영어 시리즈 3권에는 1800개 대화 세트 총 3600개의 통문장이 들어 있습니다.

5회 반복
학교 표준 영상

0341 **(Well,) How can I put this?** 이걸 뭐라고 하더라?

A: What do you wanna say?

What do you wanna say?

B: How can I put this? It's not easy to explain.

A: 뭐라고 말하고 싶은 거야?
B: 어떻게 말해야 할지 모르겠어.
설명하기 좀 어려워.

0342 **How can you tell?** 어떻게 알 수가 있어? 어떻게 알아?

A: You look tired.

B: How can you tell? Am I dragging my feet that much?

A: 피곤해 보인다.
B: 어떻게 알았어? 내가 그렇게
미적거렸어?

"Drag my feet"는 관용 표현으로, 보통 "일부러 일을 늦추다", "미루다", 또는 "하기 싫어서 시간을 끌다"는 뜻입니다. 또한 상대방이 느끼기에 상당히 느리고 미적거리는 모습을 묘사할 때도 사용합니다. **"Am I dragging my feet that much?"**는 "내가 그렇게 피곤해 보여?" 정도의 의미로 기운 없고 느릿느릿 움직이는 모습을 묘사하는 표현으로 꼭 무언가 하기 싫어서 미루는 의미뿐 아니라, 피곤하거나 지쳐서 행동이 느려질 때 사용하는 표현입니다.

0343 **How could I forget?** 내가 어떻게 잊을 수 있겠어?

A: Do you remember our first trip together?

B: How could I forget?

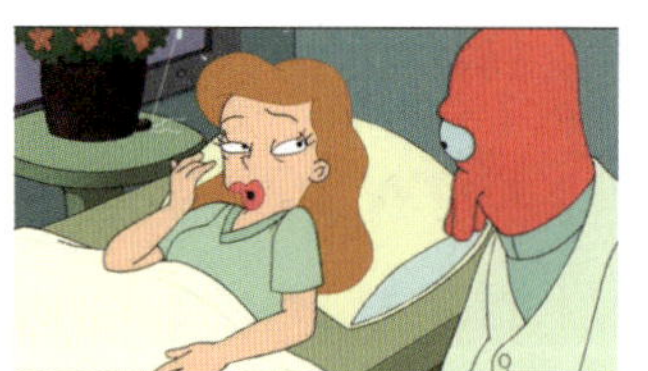

A: 우리 첫 여행 기억나?
B: 어떻게 기억을 못 할 수가 있
어?

0344 **(How...) How did it go?** 그거 어떻게 됐어?

A: I just finished the interview.

B: How did it go?

A: 인터뷰 방금 끝났어.
B: 어땠어?

0345 **How did this[that] happen?** 어쩌다 이렇게 된 거지?

A: I don't get it! How did this happen?

B: I have no idea. I'm just as confused as you are.

A: 이해가 안 돼! 어떻게 이런 일이 일어난 거야?
B: 나도 모르겠어. 나도 혼란스러워.

0346 **How did we end up here?** 어쩌다 이 지경이 됐을까?

A: I didn't think this would happen.

B: Me neither. How did we end up here?

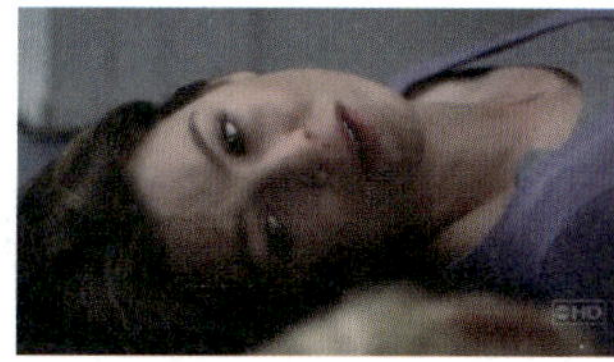

A: 이런 일이 일어날 줄 몰랐어.
B: 나도. 도대체 우리가 어쩌다 이렇게 된 거지?

0347 **How did you get in here?** 여기 어떻게 들어왔어?

A: How did you get in here?

B: The door was open, so I just came in.

A: 어떻게 여기 들어왔어?
B: 문이 열려 있어서 그냥 들어왔어.

0348 **How did you know all that?** 그걸 모두 어떻게 다 알았어?

A: You knew exactly what was going to happen! How did you know all that?

B: I had a feeling, and I've seen this kind of situation before.

A: 너는 그 일이 일어날 걸 정확히 알았구나! 어떻게 다 알았어?
B: 그냥 느낌이 왔어. 그리고 이런 상황을 예전에 본 적이 있어.

0349 How do I look? 나 어때 보여?

A: **How do I look? Does this outfit look good?**

B: **You look amazing! That outfit suits you perfectly.**

A: 나 어때 보여? 이 옷 괜찮아?
B: 너무 멋져! 그 옷 정말 잘 어울려.

0350 How do you[I] respond to something like that? 넌[나는] 이런 일에 어떻게 반응해?

A: **He just told me he loves me.**

B: **How do you respond to something like that?**

A: 걔가 방금 나 사랑한다고 말했어.
B: 그런 말을 들으면 넌 어떻게 반응해?

0351 How do you handle it. 어떻게 하는 거야? 어떻게 처리해?

A: **This is so stressful! How do you handle it?**

B: **I try to take things one step at a time and stay organized. It helps me stay calm when everything feels chaotic.**

A: 이거 너무 스트레스 받아! 너는 어떻게 이걸 처리해?
B: 나는 한 번에 하나씩 처리하려고 하고, 정리정돈을 잘 해. 그렇게 하면 혼란스러워도 차분하게 할 수 있어.

0352 How did you know about this place? 여기 어떻게 하다 알게 된 거야?

A: **You've never been here before?**

B: **How did you know about this place?**

A: 너 여기 처음 왔어?
B: 넌 여기를 어떻게 알았어?

0353 **How do you know each other?** 어떻게 둘이 서로 알아?

A: **How do you know each other?**

B: **I'm in his band. We also write together.**

A: 어떻게 아는 사이야?
B: 나는 그의 밴드에 있어. 같이 작곡도 해.

0354 **How do you like it?** 어떤 것 같아?, 맘에 들어? 어때?

A: **Is the food okay? How do you like it?**

B: **Yeah, it's great! The flavors are perfect.**

A: 음식 어때? 어떻게 생각해?
B: 응, 정말 좋아! 맛이 완벽해.

0355 **How do you spell that?** 그거 철자가 어떻게 돼요?

A: **Can you repeat that word? How do you spell that?**

B: **Sure! It's C-O-N-F-I-D-E-N-T.**

A: 그 단어 다시 말해줄래? 어떻게 철자 써?
B: 물론! C—O—N—F—I—D—E—N—T.

0356 **How far is it?** 얼마나 멀어? 얼마나 가야 해?

A: **Let's walk to the restaurant.**

B: **Alright... but how far is it?**

A: 레스토랑까지 걸어가자.
B: 알겠어… 그런데 얼마나 멀지?

0357 **How hard can it be?** 그게 얼마나 어렵겠어? 어려워 봤자 얼마나 어렵겠어?

A: Can you fix this?

B: How hard can it be? Let me take a look.

A: 이거 고칠 수 있어?
B: 어려워 봐야 얼마나 어렵겠어?
한번 봐줄게.

0358 **How long are you in town for?** 얼마나 오래 여기 머무르시나요?

A: How long are you in town for?

B: A couple of weeks, maybe longer.

A: 여기 얼마나 있을 거야?
B: 몇 주 정도, 아마 그 이상이 될
지도 몰라.

0359 **How long has it been?** 정말 오랜만이다, 이게 얼마만이니?

A: Hey! It's been so long!

B: Yeah, how long has it been?

A: 야! 오랜만이야!
B: 응, 진짜 오랜만이네. 얼마만이
야 이게?

"How long has it been?"은 기본적으로 인사말은 아니지만, 오랜만에 만났을 때 자주 쓰는 실제 대화에서는 인사처럼 느껴질 수 있는 표현입니다. 문장의 뜻은 "우리 얼마만이지?", "오랜만이야~ 얼마나 됐지?"의 의미로 이 표현은 주로 오랜만에 친구나 지인을 만났을 때 "우리 마지막으로 본 지 얼마나 됐더라?" 하는 반가움과 시간에 대한 질문을 담고 있는 친근한 분위기를 만들고, 과거의 친분을 이어주는 표현입니다.

0360 **How long have you been here?** 얼마나 오래 있었어?

A: You look familiar. How long have you been here?

**B: I've been here for a few months now. Maybe you've
seen me around!**

A: 너 좀 익숙한 얼굴이다. 여기
얼마나 있었어?
B: 몇 달 됐어. 아마 네가 지나가
면서 봤을지도 몰라.

MAGIC 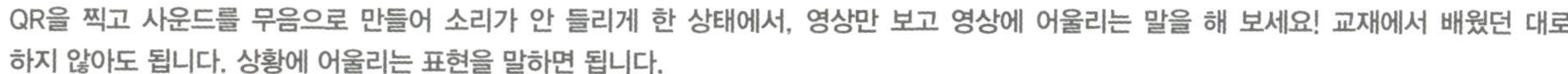 대기중, 입이 터지는 더빙(Dubbing)

QR을 찍고 사운드를 무음으로 만들어 소리가 안 들리게 한 상태에서, 영상만 보고 영상에 어울리는 말을 해 보세요! 교재에서 배웠던 대로 하지 않아도 됩니다. 상황에 어울리는 표현을 말하면 됩니다.

STEP 3 | 도전! 영화보고 받아쓰기(Dictation)

오늘 배운 표현을 확인하고 완전히 나의 것으로 만드는 시간입니다. 5회 반복 리얼 스피킹 연습 실제 영화 동영상을 활용해 STEP 3-1과 3-2를 완성하세요.

STEP 3-1 빈칸에 정확한 표현을 Dictation 하세요.

☐ **(Well,) How can I _____________ this?** 이걸 뭐라고 하더라?

☐ **How can you _____________?** 어떻게 알 수 있어? 어떻게 알아?

☐ **How could I _____________?** 내가 어떻게 잊을 수 있겠어?

☐ **(How...) How did it _____________?** 그거 어떻게 됐어?

☐ **How did this[that] _____________?** 어쩌다 이렇게 된 거지?

☐ **How did we _____________ up here?** 어쩌다 이 지경이 됐을까?

☐ **How did you _____________ in here?** 여기 어떻게 들어왔어?

☐ **How did you _____________ all that?** 그걸 모두 어떻게 다 알았어?

☐ **How do I _____________?** 나 어때 보여?

☐ **How do you[I] _____________ to something like that?** 넌[나는] 이런 일에 어떻게 반응해?

☐ **How do you _____________ it.** 어떻게 하는 거야? 어떻게 처리해?

☐ **How did you know about this _____________?** 여기 어떻게 하다 알게 된 거야?

☐ **How do you know _____________ other?** 어떻게 둘이 서로 알아?

☐ **How do you _____________ it?** 어떤 것 같아?, 맘에 들어? 어때?

☐ **How do you _____________ that?** 그거 철자가 어떻게 돼요?

☐ **How _____________ is it?** 얼마나 멀어? 얼마나 가야 해?

☐ **How _____________ can it be?** 그게 얼마나 어렵겠어? 어려워 봤자 얼마나 어렵겠어?

☐ **How long are you in _____________ for?** 얼마나 오래 여기 머무르시나요?

☐ **How _____________ has it been?** 정말 오랜만이다, 이게 얼마만이니?

☐ **How long have you been _____________?** 얼마나 오래 있었어?

STEP 3-2 빈칸에 다음 통문장의 의미를 한국어로 쓰세요.

☐ (Well,) How can I put this?

☐ How can you tell?

☐ How could I forget?

☐ (How...) How did it go?

☐ How did this[that] happen?

☐ How did we end up here?

☐ How did you get in here?

☐ How did you know all that?

☐ How do I look?

☐ How do you[I] respond to something like that?

☐ How do you handle it.

☐ How did you know about this place?

☐ How do you know each other?

☐ How do you like it?

☐ How do you spell that?

☐ How far is it?

☐ How hard can it be?

☐ How long are you in town for?

☐ How long has it been?

☐ How long have you been here?

살아있는 애니메이션과 영화로 진짜 읽고, 쓰고, 듣고, 말하게 만들어
국제학교 학생들만큼 영어를 잘하게 해주는
대치동 기적의 중학영어 통문장 훈련
세상에 없던, 대한민국 유일의 주니어용 스피킹 & 리스닝 미드 교재

DAY 19
30 days

AI 학습자료와 인강 *youpass.co.kr*

STEP 1 | 무조건, **QR** 찍고 미드 듣고 따라 말하기(Speaking)

리얼 스피킹 연습
실제 영화 동영상

오늘 배울 표현을 미리 확인하고 나의 약점을 찾아보는 시간입니다. **5회** 반복 리얼 스피킹 연습 실제 영화 동영상을 보면서 먼저 모르는 표현에 체크를 해 보세요. 이것이 바로 **TV**, 영화, 드라마, 애니메이션 그리고 진짜 살아 있는 현실의 영어를 배울 수 있는 가장 좋은 시작입니다.

- ☐ **How long will it take?**
- ☐ **How many times do I have to tell you?**
- ☐ **How much do you weigh?**
- ☐ **How much is this gonna cost?**
- ☐ **How old do you think I am?**
- ☐ **(So, um...) How old were you when you met her?**
- ☐ **How should I know?**
- ☐ **How tall are you?**
- ☐ **How was I supposed to know that?**
- ☐ **How was your day?**
- ☐ **How would you know?**
- ☐ **(Okay, great, And) How would you like to pay?**
- ☐ **How'd you know I was here?**
- ☐ **How's it look?**
- ☐ **(So,) How's married life treating you, huh?**
- ☐ **How've you been?**
- ☐ **Okay, everybody, huddle up.**
- ☐ **I'm so aching all over.**
- ☐ **I agree with you.**
- ☐ **(Oh,) I almost forgot.**

STEP 2 | QR 찍고 **5번** 따라 읽고 **1번** 따라 쓰기(Writing)

5회 반복
학교 표준 영상

읽고 쓰는 능력과 함께 입과 귀도 터주는 대치동 기적의 중학영어 **1800** 통문장입니다. 먼저 **5회** 반복 학교 표준 영상을 틀고 다음 페이지로 넘어가 책을 보면서 **5번씩** 따라 읽기한 후, **1번씩** 따라 쓰세요. 대치동 기적의 중학영어 시리즈 3권에는 **1800개** 대화 세트 총 **3600개**의 통문장이 들어 있습니다.

0361 **How long will it take?** 얼마나 걸려?

A: Can you finish this? How long will it take?

Can you finish this? How long will it take?

B: Yeah, I can finish it. It should take about an hour or so.

A: 이거 끝낼 수 있어? 얼마나 걸릴 것 같아?
B: 응, 끝낼 수 있어. 한 시간 정도 걸릴 것 같아.

0362 **How many times do I have to tell you?** 도대체 몇 번이나 말해야 해?

A: How many times do I have to tell you? It's really important!

B: Okay, okay! I got it. I'll make sure it gets done.

A: 몇 번이나 말해야 해? 정말 중요하다고!
B: 알았어, 알았어! 내가 할게. 꼭 끝내도록 할게.

0363 **How much do you weigh?** 몸무게는 얼마나 나가?

A: You look great! How much do you weigh? You've lost so much weight.

B: Haha, thanks! I've been working out a lot lately.

A: 너 진짜 좋아 보여! 몸무게 얼마나 나가? 많이 뺏네.
B: 하하, 고마워! 요즘 운동 많이 했어.

0364 **How much is this gonna cost?** 이거 돈이 얼마나 들까?

A: How much is this gonna cost?

B: Let me check and get back to you on that.

A: 이거 얼마야?
B: 잠깐만 확인하고 다시 말해줄게.

0365 How old do you think I am? 내가 몇 살로 보여?

A: Wow, you don't look your age at all!

B: Really? How old do you think I am?

A: 와, 너 진짜 네 나이처럼 안 보여!
B: 정말? 내가 몇 살처럼 보이는데?

You don't look your age는 "너의 나이처럼 안 보인다."라는 뜻으로, 누군가가 나이 보다 젊은 외모를 가졌을 때 사용하는 표현입니다. 이때 You don't look like your age라고 말하면 조금 어색하게 들릴 수 있습니다. 보통 look like는 사람을 제외한 물건이나 상황에 대해 사용할 때 더 자연스럽습니다. 따라서 사람의 외모를 말할 때에는 You don't look your age가 더 일반적이고 자연스러운 표현입니다!

0366 (So, um...) How old were you when you met her? 그녀를 만나셨을 때 몇 살이었어요?

A: How old were you when you met her?

B: I think I was around 20. Funny how time flies — it feels like just yesterday.

A: 그녀를 만났을 때 몇 살이었어요?
B: 아마 20살쯤이었을 거야. 시간이 정말 빠르네, 어제 같은데.

0367 How should I know? 내가 어떻게 알겠냐?

A: Do you know where she went?

B: How should I know?

A: 그녀가 어디 갔는지 알아?
B: 내가 어떻게 알아?

0368 How tall are you? 넌 키가 몇이야?

A: I'm guessing you're taller than me. How tall are you?

B: I'm not sure, but I think I might be. How tall are you?

A: 너 나보다 더 클 것 같아. 너 키 얼마나 돼?
B: 잘 모르겠는데, 아마 내가 더 클 수도 있어. 네 키는 얼마인데?

0369 How was I supposed to know that? 내가 그런 건지 그걸 어떻게 알았겠어?

A: You needed to bring your passport to pick up the tickets.

B: What? How was I supposed to know that?

A: 티켓 받으려면 여권 가져와야 했어.
B: 뭐? 내가 어떻게 알았겠어?

0370 How was your day? 오늘 어땠어?

A: I've had a busy day. How was your day?

B: Same here, it's been a hectic day, but I'm glad it's almost over. Hopefully, things will slow down tomorrow!

A: 나 오늘 바빴어. 너는 어땠어?
B: 나도 마찬가지야. 정신없이 바쁜 하루였는데, 이제 끝나가니까 좋네. 내일은 좀 한가했으면 좋겠어!

0371 How would you know? 넌 어떻게 알아?, 네가 어찌 알아?

A: That's the way it works.

B: How would you know? Have you tried it?

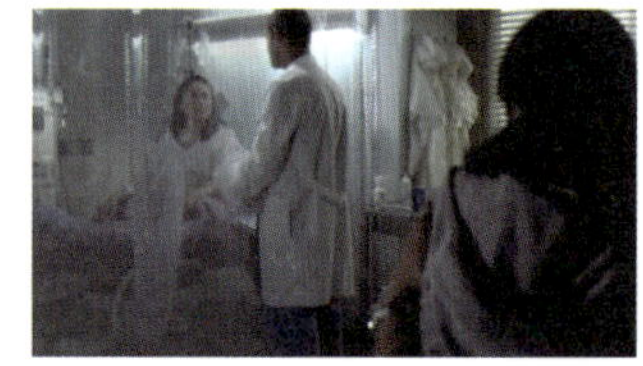

A: 그렇게 작동하는 거야.
B: 어떻게 알았어? 해본 적 있어?

0372 (Okay, great, And) How would you like to pay? 어떻게 결제하시겠어요?

A: How would you like to pay?

B: I'll pay with my card.

A: 어떻게 결제하실래요?
B: 카드로 할게요.

0373 **How'd you know I was here?** 어떻게 내가 여기 있는 줄 알았어?

A: **How'd you know I was here?**

B: **I just knew.**

A: 내가 여기 있는 걸 어떻게 알
았어?
B: 그냥 알았어.

0374 **How's it look?** 어때 보여?

A: **I cut my own hair! How's it look?**

B: **Wow, you did a great job! It actually looks pretty good!**

A: 내가 머릴 직접 잘랐어! 어때?
B: 와, 진짜 잘했어! 생각보다 잘
나온 것 같아!

미드나 영화에서 엄청나게 많이 들리는 **How's it look?**은 구어체에서 흔하게 쓰이는 표현이지만, 학교 영문법에는 맞지 않습니다. **How's**를 **How does**로 고쳐야 합니다. 그러나 반대로 진짜로 사용되는 구어체를 기준으로 말한다면 구어체에서 **How's**는 **How is, How has, How does**의 줄임말로 자연스럽게 사용된다는 것을 또한 기억하고 반드시 익혀 두어야 합니다.

0375 **(So,) How's married life treating you, huh?** 결혼 생활은 어때요?

A: **So, how's married life treating you?**

B: **It's been great. Thanks for asking!**

A: 결혼 생활 어때?
B: 정말 좋아. 물어봐줘서 고마워!

0376 **How've you been?** 그동안 어떻게 지냈어?

A: **It's been a while! How've you been?**

B: **It really has! I've been busy, but things are going great. What about you?**

A: 오랜만이네! 어떻게 지냈어?
B: 진짜 오랜만이다! 바빴는데 잘
지내고 있어. 너는?

0377 **Okay, everybody, huddle up.** 모두 얼른 모여.

A: Alright, huddle up, everybody!

B: Got it!

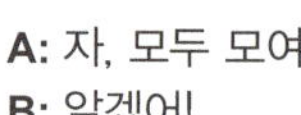

A: 자, 모두 모여!
B: 알겠어!

0378 **I'm so aching all over.** 온 몸이 너무 아파.

A: Wanna hit the gym again tomorrow?

B: Are you kidding? I'm still aching all over from yesterday's workout!

A: 내일 다시 체육관 갈래?
B: 농담이지? 어제 운동하고 몸이 완전 아파서 못 가겠어!

0379 **I agree with you.** 나도 너랑 같은 생각이야.

A: We should take the day off.

B: I agree with you.

A: 우리 하루 쉬자.
B: 나도 동의해.

0380 **(Oh,) I almost forgot.** 까먹을 뻔했네.

A: Did you pack your lunch?

B: Oh, I almost forgot. Let me grab it!

A: 점심 쌌어?
B: 아, 거의 잊을 뻔했네. 금방 가져올게!

MAGIC  대기중, 입이 터지는 더빙(Dubbing)

QR을 찍고 사운드를 무음으로 만들어 소리가 안 들리게 한 상태에서, 영상만 보고 영상에 어울리는 말을 해 보세요! 교재에서 배웠던 대로 하지 않아도 됩니다. 상황에 어울리는 표현을 말하면 됩니다.

리얼 스피킹 연습
실제 영화 동영상

STEP 3 | 도전! 영화보고 받아쓰기(Dictation)

오늘 배운 표현을 확인하고 완전히 나의 것으로 만드는 시간입니다. **5회 반복 리얼 스피킹 연습 실제 영화 동영상**을 활용해 **STEP 3-1과 3-2**를 완성하세요.

리얼 스피킹 연습
실제 영화 동영상

STEP 3-1 빈칸에 정확한 표현을 Dictation 하세요.

☐ How ___________ will it take? 얼마나 걸려?

☐ How ___________ times do I have to tell you? 도대체 몇 번이나 말해야 해?

☐ How ___________ do you ___________? 몸무게는 얼마나 나가?

☐ How ___________ is this gonna ___________? 이거 돈이 얼마나 들까?

☐ How ___________ do you think I am? 내가 몇 살로 보여?

☐ (So, um...) How ___________ were you when you met her? 그녀를 만나셨을 때 몇 살이었어요?

☐ How ___________ I know? 내가 어떻게 알겠냐?

☐ How ___________ are you? 넌 키가 몇이야?

☐ How was I ___________ to know that? 내가 그런 건지 그걸 어떻게 알았겠어?

☐ How was your ___________? 오늘 어땠어?

☐ How would you ___________? 넌 어떻게 알아?, 네가 어찌 알아?

☐ (Okay, great, And) How would you like to ___________? 어떻게 결제하시겠어요?

☐ How'd you ___________ I was here? 어떻게 내가 여기 있는 줄 알았어?

☐ How's it ___________? 어때 보여?

☐ (So,) How's married life ___________ you, huh? 결혼 생활은 어때요?

☐ How've you ___________? 그동안 어떻게 지냈어?

☐ Okay, everybody, ___________ up. 모두 얼른 모여.

☐ I'm so ___________ all over. 온 몸이 너무 아파.

☐ I ___________ with you. 나도 너랑 같은 생각이야.

☐ (Oh,) I almost ___________. 까먹을 뻔했네.

STEP 3-2 빈칸에 다음 통문장의 의미를 한국어로 쓰세요.

☐ How long will it take?

☐ How many times do I have to tell you?

☐ How much do you weigh?

☐ How much is this gonna cost?

☐ How old do you think I am?

☐ (So, um...) How old were you when you met her?

☐ How should I know?

☐ How tall are you?

☐ How was I supposed to know that?

☐ How was your day?

☐ How would you know?

☐ (Okay, great, And) How would you like to pay?

☐ How'd you know I was here?

☐ How's it look?

☐ (So,) How's married life treating you, huh?

☐ How've you been?

☐ Okay, everybody, huddle up.

☐ I'm so aching all over.

☐ I agree with you.

☐ (Oh,) I almost forgot.

살아있는 애니메이션과 영화로 진짜 읽고, 쓰고, 듣고, 말하게 만들어
국제학교 학생들만큼 영어를 잘하게 해주는

대치동 기적의 중학영어 통문장 훈련

세상에 없던, 대한민국 유일의 주니어용 스피킹 & 리스닝 미드 교재

AI 학습자료와 인강 **youpass.co.kr**

STEP 1 | 무조건, **QR** 찍고 미드 듣고 따라 말하기(Speaking)

오늘 배울 표현을 미리 확인하고 나의 약점을 찾아보는 시간입니다. **5회** 반복 리얼 스피킹 연습 실제 영화 동영상을 보면서 먼저 모르는 표현에 체크를 해 보세요. 이것이 바로 **TV**, 영화, 드라마, 애니메이션 그리고 진짜 살아 있는 현실의 영어를 배울 수 있는 가장 좋은 시작입니다.

- ☐ **I am a little peckish.**
- ☐ **I barely remember it[that].**
- ☐ **I better get going.**
- ☐ **I better go.**
- ☐ **I'm binge-watching this crazy show.**
- ☐ **I bit off more than I can chew.**
- ☐ **I blew it.**
- ☐ **I broke up with him.**
- ☐ **I brought you some coffee.**
- ☐ **I brought you something.**
- ☐ **I built myself a life.**
- ☐ **I (already) called in sick.**
- ☐ **I can assure you.**
- ☐ **I can be very persuasive.**
- ☐ **I could really get in trouble.**
- ☐ **I can handle it.**
- ☐ **I can help you with that.**
- ☐ **I can power through.**
- ☐ **I can read your mind.**
- ☐ **I can relate to that.**

STEP 2 | **QR** 찍고 **5번** 따라 읽고 **1번** 따라 쓰기(Writing)

읽고 쓰는 능력과 함께 입과 귀도 터주는 대치동 기적의 중학영어 1800 통문장입니다. 먼저 **5회** 반복 학교 표준 영상을 틀고 다음 페이지로 넘어가 책을 보면서 **5번씩** 따라 읽기한 후, **1번씩** 따라 쓰세요. 대치동 기적의 중학영어 시리즈 3권에는 1800개 대화 세트 총 3600개의 통문장이 들어 있습니다.

0381 I am a little peckish. 나 약간 출출해.

A: **Wanna grab lunch?**

Wanna grab lunch?

B: **Yeah, I'm feeling a bit peckish.**

A: 점심 먹을래?
B: 응, 조금 배가 고파.

영어에서는 배고픔의 정도에 따라 다양한 표현이 있습니다. 배고픔의 정도별 표현을 정리하면 **Peckish**(약간 조금 출출한) **Hungry**(보통 배고픈) **Very hungry** 또는 **So hungry**(강한 너무 배고픈) **Ravenous** (매우 강한 엄청 배고픈, 허기진) **Famished**(극심한 굶주린, 배고파 죽을 지경의) **Starving**(매우 극심한 굶주린, 배고파 죽을 것 같은) 등의 순서입니다.

0382 I barely remember it[that]. 거의 기억이 안 나.

A: **Do you remember our trip to Italy?**

B: **Not really, I barely remember that.**

A: 우리 이탈리아 여행 기억나?
B: 잘 기억이 안 나, 거의 기억이 안 나.

0383 I better get going. 난 가보는 게 좋을 것 같아.

A: **Are you leaving already?**

B: **I better get going. I've got somewhere to be.**

A: 벌써 가는 거야?
B: 가야겠다. 갈 곳이 있어.

0384 I better go. 가보는 게 낫겠어.

A: **It's getting late. I better go.**

B: **Yeah, I understand. Thanks for coming. Let's catch up again soon.**

A: 늦었네. 나 가야겠어.
B: 응, 이해해. 와줘서 고마워. 또 금방 보자.

0385 **I'm binge-watching this crazy show.** 난 이 쇼 싹 다 몰아서 보고 있어.

A: You haven't replied to any of my texts all weekend!

B: Sorry! I'm binge-watching this crazy show — I literally couldn't stop.

A: 주말 내내 내 문자에 답도 안 했잖아!
B: 미안! 지금 미친 드라마에 빠져서 — 진짜 멈출 수가 없었어.

"binge-watching"은 넷플릭스 시대 이후 정말 흔해진 말로 "I'm binge-watching" 뒤에 보는 콘텐츠 이름을 붙여서 자주 씁니다. 의미는 드라마, TV쇼, 유튜브 영상 등을 한꺼번에 몰아서 여러 편 연속으로 보는 것을 말합니다. 원래 binge는 "폭식하다", "과하게 ~하다"의 의미입니다.

0386 **I bit off more than I can chew.** 내가 너무 욕심을 냈어, 내가 과욕을 부렸어.

A: Do you think you can handle all this work?

B: I think I bit off more than I can chew.

A: 이 모든 일을 감당할 수 있을 것 같아?
B: 내 능력보다 너무 많은 일을 맡은 것 같아.

0387 **I blew it.** 내가 모두 망쳤어.

A: You missed the deadline?

B: Yeah, I blew it.

A: 마감일 놓쳤어?
B: 응, 내가 실수했어.

0388 **I broke up with him.** 그랑 헤어졌어.

A: What happened?

B: I broke up with him. It wasn't working out.

A: 무슨 일이야?
B: 걔랑 헤어졌어. 잘 안 맞았어.

0389 **I brought you some coffee.** 너 줄 커피 좀 가져왔어.

A: You look tired. I brought you some coffee. Hope it helps.

B: Aww, you're the best! I'm sure it'll help.

A: 피곤해 보인다. 커피 가져왔어. 도움이 됐으면 좋겠다.
B: 와, 최고야! 분명 도움이 될 거야.

0390 **I brought you something.** 너 주려고 뭐 좀 가져왔어.

A: What's that?

B: I brought you something.

A: 그게 뭐야?
B: 너 주려고 뭐 좀 가져왔어.

0391 **I built myself a life.** 나 혼자 힘으로 여기까지 살아온 거야.

A: So, what happened after you moved to the city?

B: Well, it wasn't easy at first... but I built myself a life.

A: 도시로 이사 간 후엔 어떻게 됐어?
B: 음, 처음엔 쉽지 않았어… 하지만 내 삶을 만들었어.

0392 **I (already) called in sick.** 나 아파서 못 간다고 했어.

A: Are you going to work today?

B: No, I called in sick.

A: 오늘 일하러 가?
B: 아니, 병가를 냈어.

0393 I can assure you. 난 장담할 수 있어.

A: **Are you sure this will work?**

B: **I can assure you. Everything will go as planned.**

A: 이게 정말 효과가 있을까?
B: 확신할 수 있어. 모든 게 계획 대로 될 거야.

0394 I can be very persuasive. 내가 설득할 수 있어, 난 설득을 잘 해.

A: **He said no.**

B: **Give me a minute. I can be very persuasive.**

A: 그 사람은 안 된다고 했어.
B: 잠깐만, 내가 설득할 수 있어.

0395 I could really get in trouble. 난 진짜 혼날지도 몰라.

A: **Are you sure you wanna sneak in there without permission?**

B: **I don't know... I could really get in trouble if I get caught.**

A: 허락 없이 거기 몰래 들어가고 싶어?
B: 잘 모르겠어… 걸리면 정말 큰 일 날 수도 있어.

0396 I can handle it. 내가 처리할 수 있어.

A: **It looks like a lot of work.**

B: **I can handle it. Don't worry about me.**

A: 일이 많아 보인다.
B: 내가 할 수 있어. 걱정하지 마.

0397 **I can help you with that.** 그건 내가 도와줄 수 있어.

A: This is so complicated.

B: I can help you with that. Don't worry.

A: 이거 진짜 복잡하네.
B: 내가 도와줄 수 있어. 걱정하지 마.

0398 **I can power through.** 난 어려워도 끝까지 해낼 수 있어, 버티면서 끝까지 해낼게.

A: You look exhausted. Are you sure you can do it?

B: I can power through.

A: 너무 지쳐 보인다. 이거 할 수 있을까?
B: 난 해낼 수 있어.

0399 **I can read your mind.** 네 속을 다 읽을 수 있어.

A: I think I know what you're thinking.

B: I can read your mind, too! You're thinking the same thing.

A: 내가 무슨 생각 하는지 알 것 같아.
B: 나도 네 생각 읽을 수 있어! 너도 똑같은 생각하고 있잖아.

0400 **I can relate to that.** 완전 공감해, 나도 공감이 가.

A: I've been through something similar. I can relate to that.

B: Really? It's good to know I'm not alone. How did you deal with it?

A: 나도 비슷한 일을 겪었어. 그거 이해해.
B: 진짜? 내가 혼자가 아니라는 걸 알아서 좋아. 그때는 어떻게 대처했어?

MAGIC 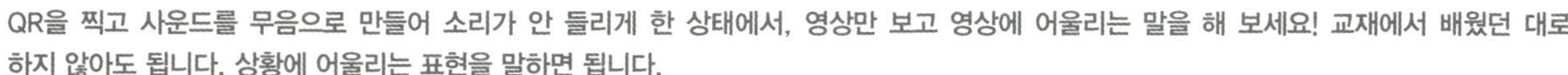 대기중, 입이 터지는 더빙(Dubbing)

QR을 찍고 사운드를 무음으로 만들어 소리가 안 들리게 한 상태에서, 영상만 보고 영상에 어울리는 말을 해 보세요! 교재에서 배웠던 대로 하지 않아도 됩니다. 상황에 어울리는 표현을 말하면 됩니다.

STEP 3 | 도전! 영화보고 받아쓰기(Dictation)

오늘 배운 표현을 확인하고 완전히 나의 것으로 만드는 시간입니다. 5회 반복 리얼 스피킹 연습 실제 영화 동영상을 활용해 **STEP 3-1**과 **3-2**를 완성하세요.

STEP 3-1 빈칸에 정확한 표현을 Dictation 하세요.

☐ **I am a little ___________.** 나 약간 출출해.

☐ **I ___________ ___________ it[that].** 거의 기억이 안 나.

☐ **I ___________ get ___________.** 난 가보는 게 좋을 것 같아.

☐ **I ___________ go.** 가보는 게 낫겠어.

☐ **I'm binge-watching this ___________ show.** 난 이 쇼 싹 다 몰아서 보고 있어.

☐ **I ___________ off more than I can ___________.** 내가 너무 욕심을 냈어, 내가 과욕을 부렸어.

☐ **I ___________ it.** 내가 모두 망쳤어.

☐ **I ___________ up with him.** 그랑 헤어졌어.

☐ **I ___________ you some coffee.** 너 줄 커피 좀 가져왔어.

☐ **I ___________ you something.** 너 주려고 뭐 좀 가져왔어.

☐ **I ___________ myself a ___________.** 나 혼자 힘으로 여기까지 살아온 거야.

☐ **I (already) ___________ in ___________.** 나 아파서 못 간다고 했어.

☐ **I can ___________ you.** 난 장담할 수 있어.

☐ **I can be very ___________.** 내가 설득할 수 있어, 난 설득을 잘 해.

☐ **I could really get in ___________.** 난 진짜 혼날지도 몰라.

☐ **I can ___________ it.** 내가 처리할 수 있어.

☐ **I can ___________ you with that.** 그건 내가 도와줄 수 있어.

☐ **I can ___________ ___________.** 난 어려워도 끝까지 해낼 수 있어, 버티면서 끝까지 해낼게.

☐ **I can ___________ your ___________.** 네 속을 다 읽을 수 있어.

☐ **I can ___________ to that.** 완전 공감해, 나도 공감이 가.

STEP 3-2 빈칸에 다음 통문장의 의미를 한국어로 쓰세요.

☐ I am a little peckish.

☐ I barely remember it[that].

☐ I better get going.

☐ I better go.

☐ I'm binge-watching this crazy show.

☐ I bit off more than I can chew.

☐ I blew it.

☐ I broke up with him.

☐ I brought you some coffee.

☐ I brought you something.

☐ I built myself a life.

☐ I (already) called in sick.

☐ I can assure you.

☐ I can be very persuasive.

☐ I could really get in trouble.

☐ I can handle it.

☐ I can help you with that.

☐ I can power through.

☐ I can read your mind.

☐ I can relate to that.

살아있는 애니메이션과 영화로 진짜 읽고, 쓰고, 듣고, 말하게 만들어
국제학교 학생들만큼 영어를 잘하게 해주는
대치동 기적의 중학영어 통문장 훈련
세상에 없던, 대한민국 유일의 주니어용 스피킹 & 리스닝 미드 교재

AI 학습자료와 인강 **youpass.co.kr**

STEP 1 | 무조건, **QR** 찍고 미드 듣고 따라 말하기(Speaking)

리얼 스피킹 연습
실제 영화 동영상

오늘 배울 표현을 미리 확인하고 나의 약점을 찾아보는 시간입니다. **5회** 반복 리얼 스피킹 연습 실제 영화 동영상을 보면서 먼저 모르는 표현에 체크를 해 보세요. 이것이 바로 **TV**, 영화, 드라마, 애니메이션 그리고 진짜 살아 있는 현실의 영어를 배울 수 있는 가장 좋은 시작입니다.

- ☐ I can see both sides.
- ☐ I can't afford it.
- ☐ I can't argue with that.
- ☐ I can't believe what I'm hearing.
- ☐ I can't carry a tune, really.
- ☐ I can't complain.
- ☐ I can't feel my legs.
- ☐ I can't go on.
- ☐ I can't hear you.
- ☐ I can't help it.
- ☐ I (obviously) can't keep up with you.
- ☐ I can't let that happen.
- ☐ I can't let you do this.
- ☐ I can't make it tonight.
- ☐ I can't risk it.
- ☐ I can't stand it[this].
- ☐ (I…) I can't thank you enough.
- ☐ I can't think of anything.
- ☐ I cannot wait another second.
- ☐ I can't wait to see ya.

STEP 2 | QR 찍고 5번 따라 읽고 1번 따라 쓰기(Writing)

5회 반복
학교 표준 영상

읽고 쓰는 능력과 함께 입과 귀도 터주는 대치동 기적의 중학영어 1800 통문장입니다. 먼저 **5회** 반복 학교 표준 영상을 틀고 다음 페이지로 넘어가 책을 보면서 **5번**씩 따라 읽기한 후, **1번**씩 따라 쓰세요. 대치동 기적의 중학영어 시리즈 3권에는 **1800**개 대화 세트 총 **3600**개의 통문장이 들어 있습니다.

0401 **I can see both sides.** 난 양쪽이 다 이해가 돼.

A: Are you on his side or mine?

Are you on his side or mine?

B: I can see both sides. You both have valid points.

A: 너는 그의 편이야, 내 편이야?
B: 양쪽 다 이해해. 너희 둘 다 타당한 점이 있어.

0402 **I can't afford it.** 난 그럴 여유가 없어, 난 그거 감당 못 해.

A: You should buy that. It's amazing.

B: I can't afford it right now. It's just too expensive.

A: 그거 사는 게 좋겠어. 정말 멋져.
B: 지금은 살 여유가 없어. 너무 비싸.

0403 **I can't argue with that.** 반박의 여지가 없네.

A: That's the best solution, don't you think?

B: I can't argue with that.

A: 그게 최고의 해결책이지, 그렇지 않아?
B: 그건 맞는 말이야. 반박할 수 없어.

0404 **I can't believe what I'm hearing.** 지금 내가 뭘 듣고 있는 건지 믿기지가 않아.

A: He said he doesn't wanna be part of the project anymore.

B: I can't believe what I'm hearing.

A: 그가 더 이상 프로젝트에 참여하고 싶지 않다고 했어.
B: 지금 내가 뭘 듣고 있는 건지 믿기지가 않아.

0405 **I can't carry a tune, really.** 난 음치야, 노래 진짜 못해.

A: **You should sing along!**

B: **Me? I can't carry a tune, really.**

A: 너도 같이 노래 불러!
B: 나? 나는 음치야, 진짜 못 불러.

0406 **I can't complain.** 나쁘지 않아, 좋아.

A: **How's everything going?**

B: **I can't complain. Everything's been going smoothly.**

A: 어떻게 지내?
B: 불평할 건 없어. 모든 게 순조롭게 잘 되고 있어.

0407 **I can't feel my legs.** 다리에 감각이 없어.

A: **Are you okay?**

B: **I can't feel my legs. I've been sitting too long.**

A: 괜찮아?
B: 다리가 마비됐어. 너무 오래 앉아 있었어.

0408 **I can't go on.** 더는 못 하겠어, 못 버티겠어.

A: **You're doing great! Just keep pushing through.**

B: **I don't know... I'm exhausted. I feel like I can't go on.**

A: 잘하고 있어! 계속 힘내!
B: 모르겠어… 너무 지쳤어. 이제 더 이상 못 할 것 같아.

0409 **I can't hear you.** 잘 안 들려.

A: **Are you there? I can't hear you.**

B: **Oh, sorry! I think my mic was off. Can you hear me now?**

A: 거기 있어? 네 목소리가 안 들려.
B: 아, 미안! 마이크가 꺼져 있었나 봐. 이제 들려?

"**mic**"는 "**microphone**"의 줄임말이고, 발음은 /**maik**/라고 발음합니다. 즉, "**mic**"는 쓸 때만 줄여 쓸 뿐 발음을 할 때에는 원래 긴 단어인 '마이크'처럼 발음하면 됩니다.

0410 **I can't help it.** 어쩔 수가 없어.

A: **You're eating ice cream again? That's your third one today!**

B: **I know... but I just can't help it. It's so good!**

A: 또 아이스크림 먹어? 오늘 세 번째야!
B: 알겠어… 근데 그냥 참을 수가 없어. 너무 맛있어!

0411 **I (obviously) can't keep up with you.** 널 따라갈 수가 없어, 널 이길 수가 없네.

A: **Why are you so fast? I can't keep up with you.**

B: **I guess I've just had more practice than you!**

A: 왜 이렇게 빨라? 내가 따라갈 수가 없어.
B: 아마 내가 너보다 연습을 더 많이 해서 그런 것 같아!

0412 **I can't let that happen.** 그런 일이 일어나게 둘 수 없어.

A: **I'll just quit my job.**

B: **No, I can't let that happen.**

A: 그냥 일을 그만두겠어.
B: 아니, 그건 안 돼.

0413 **I can't let you do this.** 네가 이런 걸 하도록 둘 수 없어.

A: You should let me help.

B: I can't let you do this. It's too much.

A: 내가 도와줄게.
B: 네가 이걸 하도록 놔둘 수는 없어. (네가 이걸 도와주는 건 안 돼.) 너무 많아.

0414 **I can't make it tonight.** 오늘 밤은 안 돼, 오늘 밤엔 다른 일이 있어.

A: Are you coming over?

B: I can't make it tonight. I have some things I need to take care of.

A: 너 올 거야?
B: 오늘은 못 가. 해야 할 일이 있어.

0415 **I can't risk it.** 모험을 할 순 없어, 도박을 할 수는 없어.

A: Are you gonna try again?

B: I can't risk it. The stakes are too high.

A: 다시 시도할 거야?
B: 리스크를 감수할 수 없어. 너무 위험해.

0416 **I can't stand it[this].** 이건 진짜 못 참겠어.

A: What's going on? You've been acting strange all day.

B: I can't stand this anymore. The pressure at work is just too much, and I'm feeling overwhelmed.

A: 무슨 일이야? 오늘 하루 종일 이상하게 행동하고 있어.
B: 더 이상 참을 수 없어. 직장에서의 압박감이 너무 커서 너무 힘들어.

0417 **(I...) I can't thank you enough.** 더할 나위 없이 감사해요, 아무리 감사하다해도 지나치지 않아요.

A: You really helped me out today. I can't thank you enough.

B: No problem at all! I'm happy I could help.

A: 오늘 정말 많이 도와줬어. 고마워.
B: 괜찮아! 도와줄 수 있어서 기뻐.

0418 **I can't think of anything.** 아무 생각이 안 나.

A: What should we do? I can't think of anything.

B: Maybe we can make a plan together. What are you in the mood for?

A: 뭐 할까? 아무 생각이 안 나.
B: 우리 함께 계획을 세워보자. 뭐 하고 싶어?

0419 **I cannot wait another second.** 더 이상 기다릴 수가 없어, 1초도 못 기다리겠어.

A: Dinner will be ready soon.

B: I'm so hungry. I can't wait another second!

A: 저녁 곧 준비될 거야.
B: 나 너무 배고파. 이제 더 이상 기다릴 수 없어! (빨리 줘!)

0420 **I can't wait to see ya.** 빨리 보고 싶어, 보고 싶어 죽겠어.

A: When will we meet again? I can't wait to see ya!

B: Let's set a date! I can't wait to see you either.

A: 언제 다시 만날 거야? 보고 싶어!
B: 날짜 정하자! 나도 너무 보고 싶어.

can't wait to see를 가장 쉽게 이해하는 방법은 can't wait to see를 want to see의 강조 표현으로 이해하는 것입니다. 마지막에 ya는 you의 구어체 표현입니다.

MAGIC 대기중, 입이 터지는 더빙(Dubbing)

QR을 찍고 사운드를 무음으로 만들어 소리가 안 들리게 한 상태에서, 영상만 보고 영상에 어울리는 말을 해 보세요! 교재에서 배웠던 대로 하지 않아도 됩니다. 상황에 어울리는 표현을 말하면 됩니다.

리얼 스피킹 연습
실제 영화 동영상

STEP 3 | 도전! 영화보고 받아쓰기(Dictation)

오늘 배운 표현을 확인하고 완전히 나의 것으로 만드는 시간입니다. **5회 반복 리얼 스피킹 연습 실제 영화 동영상을 활용해 STEP 3-1과 3-2를** 완성하세요.

리얼 스피킹 연습
실제 영화 동영상

STEP 3-1 빈칸에 정확한 표현을 Dictation 하세요.

☐ **I can __________ both __________.** 난 양쪽이 다 이해가 돼.

☐ **I can't __________ it.** 난 그럴 여유가 없어, 난 그거 감당 못 해.

☐ **I can't __________ with that.** 반박의 여지가 없네.

☐ **I can't __________ what I'm __________.** 지금 내가 뭘 듣고 있는 건지 믿기지가 않아.

☐ **I can't __________ a __________, really.** 난 음치야, 노래 진짜 못해.

☐ **I can't __________.** 나쁘지 않아, 좋아.

☐ **I can't __________ my __________.** 다리에 감각이 없어.

☐ **I can't __________ on.** 더는 못 하겠어, 못 버티겠어.

☐ **I can't __________ you.** 잘 안 들려.

☐ **I can't __________ it.** 어쩔 수가 없어.

☐ **I (obviously) can't __________ up with you.** 널 따라갈 수가 없어, 널 이길 수가 없네.

☐ **I can't let that __________.** 그런 일이 일어나게 둘 수 없어.

☐ **I can't let you do __________.** 네가 이런 걸 하도록 둘 수 없어.

☐ **I can't __________ it __________.** 오늘 밤은 안 돼, 오늘 밤엔 다른 일이 있어.

☐ **I can't __________ it.** 모험을 할 순 없어, 도박을 할 수는 없어.

☐ **I can't __________ it[this].** 이건 진짜 못 참겠어.

☐ **(I...) I can't __________ you enough.** 더할 나위 없이 감사해요, 아무리 감사하다해도 지나치지 않아요.

☐ **I can't __________ of anything.** 아무 생각이 안 나.

☐ **I cannot __________ another second.** 더 이상 기다릴 수가 없어, 1초도 못 기다리겠어.

☐ **I can't __________ to see ya.** 빨리 보고 싶어, 보고 싶어 죽겠어.

STEP 3-2 빈칸에 다음 통문장의 의미를 한국어로 쓰세요.

- [ ] I can see both sides. ______________________
- [ ] I can't afford it. ______________________
- [ ] I can't argue with that. ______________________
- [ ] I can't believe what I'm hearing. ______________________
- [ ] I can't carry a tune, really. ______________________
- [ ] I can't complain. ______________________
- [ ] I can't feel my legs. ______________________
- [ ] I can't go on. ______________________
- [ ] I can't hear you. ______________________
- [ ] I can't help it. ______________________
- [ ] I (obviously) can't keep up with you. ______________________

- [ ] I can't let that happen. ______________________
- [ ] I can't let you do this. ______________________
- [ ] I can't make it tonight. ______________________
- [ ] I can't risk it. ______________________
- [ ] I can't stand it[this]. ______________________
- [ ] (I...) I can't thank you enough. ______________________
- [ ] I can't think of anything. ______________________
- [ ] I cannot wait another second. ______________________
- [ ] I can't wait to see ya. ______________________

살아있는 애니메이션과 영화로 진짜 읽고, 쓰고, 듣고, 말하게 만들어
국제학교 학생들만큼 영어를 잘하게 해주는
대치동 기적의 중학영어 통문장 훈련
세상에 없던, 대한민국 유일의 주니어용 스피킹 & 리스닝 미드 교재

AI 학습자료와 인강 **youpass.co.kr**

STEP 1 | 무조건, **QR** 찍고 미드 듣고 따라 말하기(Speaking)

리얼 스피킹 연습
실제 영화 동영상

오늘 배울 표현을 미리 확인하고 나의 약점을 찾아보는 시간입니다. **5회** 반복 리얼 스피킹 연습 실제 영화 동영상을 보면서 먼저 모르는 표현에 체크를 해 보세요. 이것이 바로 **TV**, 영화, 드라마, 애니메이션 그리고 진짜 살아 있는 현실의 영어를 배울 수 있는 가장 좋은 시작입니다.

- ☐ I can't believe you're here.
- ☐ I could be wrong.
- ☐ I couldn't agree more.
- ☐ (Hell,) I couldn't make up a story to save my life.
- ☐ I couldn't have done it without you.
- ☐ I couldn't help it.
- ☐ I couldn't help overhearing.
- ☐ I couldn't[could] care less.
- ☐ I demand to know.
- ☐ I did something bad.
- ☐ I didn't catch your name.
- ☐ I didn't do anything wrong.
- ☐ I didn't do it on purpose.
- ☐ I didn't even notice.
- ☐ I didn't get you anything.
- ☐ I didn't have time.
- ☐ I didn't mean it.
- ☐ I didn't notice anything.
- ☐ I didn't see that coming.
- ☐ I didn't sleep at all (last night).

STEP 2 | QR 찍고 5번 따라 읽고 1번 따라 쓰기(Writing)

5회 반복
학교 표준 영상

읽고 쓰는 능력과 함께 입과 귀도 터주는 대치동 기적의 중학영어 1800 통문장입니다. 먼저 **5회** 반복 학교 표준 영상을 틀고 다음 페이지로 넘어가 책을 보면서 **5번씩** 따라 읽기한 후, **1번씩** 따라 쓰세요. 대치동 기적의 중학영어 시리즈 3권에는 **1800개** 대화 세트 총 **3600개**의 통문장이 들어 있습니다.

0421 **I can't believe you're here.** 설마 네가 올 줄이야.

A: **Hey! Surprise! I flew in just for your graduation.**

Hey! Surprise! I flew in just for your graduation.

B: **I can't believe you're here. This means so much to me.**

A: 놀랐지? 너의 졸업식 때문에 비행기로 왔어.
B: 네가 여기 있다고? 믿을 수 없어. 정말 고마워.

0422 **I could be wrong.** 내가 틀릴 수도 있어.

A: **That's the way it happened, right?**

B: **I could be wrong, but I think so.**

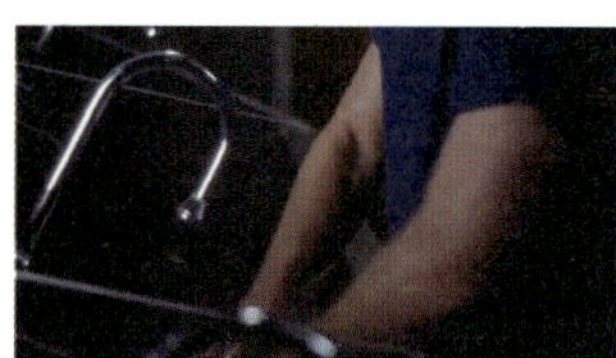

A: 그게 그렇게 된 거지, 맞지?
B: 내가 틀릴 수도 있지만, 그렇게 된 것 같아.

0423 **I couldn't agree more.** 완전 동의해, 전적으로 찬성이야.

A: **That was a great decision.**

B: **I couldn't agree more.**

A: 그건 정말 좋은 결정이었어.
B: 나도 완전히 동의해.

0424 **(Hell,) I couldn't make up a story to save my life.**
진짜 난 상상력 같은 게 없어서 죽어도 글 쓰는 것 같은 건 못할 거야.

A: **So, can you come up with a funny story for the presentation?**

B: **Hell, I couldn't make up a story to save my life.**

A: 자, 발표를 위해 재밌는 이야기 하나 만들어 볼래?
B: 아 진짜, 난 죽어도 그런 이야기 만드는 건 못해.

Hell은 놀림이나 강조를 나타내는 말로 우리말로 치면 "아 진짜로", "정말이지" 같은 느낌입니다. **I couldn't make up a story**는 상상력이 부족하거나 창작을 잘 못한다는 뜻이고 **to save my life**는 관용구로 우리말로 하면 "죽어도"랑 비슷합니다.

0425 **I couldn't have done it without you.** 너 없었으면 못했을 거야, 네 도움이 정말 컸어.

A: Great job today!

B: I couldn't have done it without you.

A: 오늘 정말 잘했어!
B: 네가 아니었으면 못했을 거야.

0426 **I couldn't help it.** 어쩔 수가 없었어.

A: Why did you do that?

B: I couldn't help it. It just happened.

A: 왜 그랬어?
B: 어쩔 수 없었어. 그냥 그렇게
된 거야.

0427 **I couldn't help overhearing.** 일부러 들으려고 들은 건 아니에요, 끼어들어서 미안한데요.

A: I can't believe she said that about me.

B: I couldn't help overhearing, but it seems like she was just venting.

A: 그녀가 나에 대해 그런 말을
했다니 믿기지 않아.
B: 끼어들어서 미안한데, 그녀가
그냥 푸념을 한 거 같아.

0428 **I couldn't[could] care less.** 전혀 신경 안 써.

A: Are you upset about this?

B: Nope... I could care less about that. It's not a big deal.

A: 이거 때문에 화났어?
B: 아니... 전혀 상관 없어. 별일
아니야.

I couldn't[could] care less.는 "그러던지 말든지", "난 신경 안 써", "무슨 상관이람"의 의미를 가치는 표현으로 영국과 캐나다에서는 **I couldn't care less**를 미국에서는 **I could care less**를 더 많이 사용합니다. 즉, 본 관용구는 **not**이 있거나 없거나 의미가 변하지 않고 같은 의미를 나타냅니다.

0429 **I demand to know.** 난 꼭 알아야겠어.

A: **You've been hiding something. I demand to know everything.**

B: **I'm not hiding anything! You're just overthinking it.**

A: 너 뭐 숨기고 있어. 다 말해.
B: 숨기고 있는 거 없어! 네가 너무 과장된 생각을 하고 있는 거야.

0430 **I did something bad.** 나 나쁜 짓을 했어.

A: **You look guilty. What happened?**

B: **I did something bad.**

A: 너 죄지은 것처럼 보인다. 무슨 일 있었어?
B: 나쁜 짓을 했어.

0431 **I didn't catch your name.** 이름을 정확히 못 들었어요.

A: **I didn't catch your name.**

B: **Me? I'm Sihu, S-I-H-U.**

A: 네 이름 못 들었어.
B: 나? 시후야, **S-I-H-U.**

0432 **I didn't do anything wrong.** 난 잘못한 게 없어.

A: **Are you guilty of this?**

B: **I didn't do anything wrong. I swear.**

A: 이 일에 대해 너도 죄가 있어?
B: 난 아무 잘못 안 했어. 맹세해.

0433 **I didn't do it on purpose.** 일부러 그런 게 아냐.

A: **That wasn't very nice.**

B: **I didn't do it on purpose! I didn't mean for it to happen.**

A: 그건 별로였어.
B: 일부러 그런 게 아니야! 그런 일이 생길 줄 몰랐어.

0434 **I didn't even notice.** 난 눈치도 못 챘어, 난 몰랐어.

A: **I cut my hair.**

B: **Oh! I didn't even notice.**

A: 머리 잘랐어.
B: 오! 몰랐어.

0435 **I didn't get you anything.** 아무 것도 준비 못했는데.

A: **Did you bring anything?**

B: **I didn't get you anything.**

A: 뭐라도 가져왔어?
B: 아무것도 가져오지 않았어.

0436 **I didn't have time.** 시간이 없었어.

A: **Why didn't you finish it?**

B: **I didn't have time. I was really swamped with other things.**

A: 왜 그걸 끝내지 않았어?
B: 시간이 없었어. 다른 일들이 너무 많았어.

0437 **I didn't mean it.** 그런 뜻이 아니었어. 내가 그러려고 그런 것이 아니었어.

A: I can't believe you said that to her!

B: I didn't mean it. I was just upset at the moment.

A: 네가 그녀한테 그런 말을 했다고 믿을 수 없어!
B: 그러려고 그런 건 아니었어. 그때 너무 화가 나서 그랬어.

0438 **I didn't notice anything.** 진짜 몰랐어, 전혀 알아차리지 못했어.

A: Did you see the mistake I made?

B: Nope, I didn't notice anything.

A: 내가 실수한 거 봤어?
B: 아니, 아무 것도 못 봤어.

0439 **I didn't see that coming.** 그럴 줄은 몰랐어.

A: I didn't see that coming! That was totally unexpected.

B: Yeah, that was a real surprise! I never would have guessed.

A: 그건 전혀 예상 못 했어! 완전 놀라웠어.
B: 맞아, 진짜 놀랐어! 전혀 생각지도 못했어.

0440 **I didn't sleep at all (last night).** 한 숨도 못 잤어.

A: You look tired.

B: I didn't sleep at all last night.

A: 피곤해 보인다.
B: 어젯밤에 전혀 못 잤어.

MAGIC 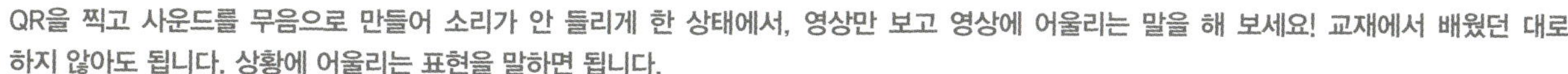 대기중, 입이 터지는 더빙(Dubbing)

QR을 찍고 사운드를 무음으로 만들어 소리가 안 들리게 한 상태에서, 영상만 보고 영상에 어울리는 말을 해 보세요! 교재에서 배웠던 대로 하지 않아도 됩니다. 상황에 어울리는 표현을 말하면 됩니다.

리얼 스피킹 연습
실제 영화 동영상

STEP 3 | 도전! 영화보고 받아쓰기(Dictation)

오늘 배운 표현을 확인하고 완전히 나의 것으로 만드는 시간입니다. 5회 반복 리얼 스피킹 연습 실제 영화 동영상을 활용해 STEP 3-1과 3-2를 완성하세요.

리얼 스피킹 연습
실제 영화 동영상

STEP 3-1 빈칸에 정확한 표현을 Dictation 하세요.

☐ **I can't __________ you're here.** 설마 네가 올 줄이야.

☐ **I could be __________.** 내가 틀릴 수도 있어.

☐ **I couldn't __________ more.** 완전 동의해, 전적으로 찬성이야.

☐ **(Hell,) I couldn't __________ up a story to __________ my life.**
진짜 난 상상력 같은 게 없어서 죽어도 글 쓰는 것 같은 건 못할 거야.

☐ **I couldn't have done it __________ you.** 너 없었으면 못했을 거야, 네 도움이 정말 컸어.

☐ **I couldn't __________ it.** 어쩔 수가 없었어.

☐ **I couldn't __________ __________.** 일부러 들으려고 들은 건 아니에요, 끼어들어서 미안한데요.

☐ **I couldn't[could] __________ __________.** 전혀 신경 안 써.

☐ **I __________ to know.** 난 꼭 알아야겠어.

☐ **I did __________ bad.** 나 나쁜 짓을 했어.

☐ **I didn't __________ your name.** 이름을 정확히 못 들었어요.

☐ **I didn't do __________ __________.** 난 잘못한 게 없어.

☐ **I didn't do it on __________.** 일부러 그런 게 아냐.

☐ **I didn't even __________.** 난 눈치도 못 챘어, 난 몰랐어.

☐ **I didn't get you __________.** 아무 것도 준비 못했는데.

☐ **I didn't have __________.** 시간이 없었어.

☐ **I didn't __________ it.** 그런 뜻이 아니었어. 내가 그러려고 그런 것이 아니었어.

☐ **I didn't __________ __________.** 진짜 몰랐어, 전혀 알아차리지 못했어.

☐ **I didn't __________ that __________.** 그럴 줄은 몰랐어.

☐ **I didn't __________ at all (last night).** 한 숨도 못 잤어.

STEP 3-2 빈칸에 다음 통문장의 의미를 한국어로 쓰세요.

- □ I can't believe you're here. ______________________
- □ I could be wrong. ______________________
- □ I couldn't agree more. ______________________
- □ (Hell,) I couldn't make up a story to save my life. ______________________
- □ I couldn't have done it without you. ______________________
- □ I couldn't help it. ______________________
- □ I couldn't help overhearing. ______________________
- □ I couldn't[could] care less. ______________________
- □ I demand to know. ______________________
- □ I did something bad. ______________________
- □ I didn't catch your name. ______________________
- □ I didn't do anything wrong. ______________________
- □ I didn't do it on purpose. ______________________
- □ I didn't even notice. ______________________
- □ I didn't get you anything. ______________________
- □ I didn't have time. ______________________
- □ I didn't mean it. ______________________
- □ I didn't notice anything. ______________________
- □ I didn't see that coming. ______________________
- □ I didn't sleep at all (last night). ______________________

살아있는 애니메이션과 영화로 진짜 읽고, 쓰고, 듣고, 말하게 만들어
국제학교 학생들만큼 영어를 잘하게 해주는
대치동 기적의 중학영어 통문장 훈련
세상에 없던, 대한민국 유일의 주니어용 스피킹 & 리스닝 미드 교재

AI 학습자료와 인강 **youpass.co.kr**

STEP 1 | 무조건, **QR** 찍고 미드 듣고 따라 말하기(Speaking)

오늘 배울 표현을 미리 확인하고 나의 약점을 찾아보는 시간입니다. **5회** 반복 리얼 스피킹 연습 실제 영화 동영상을 보면서 먼저 모르는 표현에 체크를 해 보세요. 이것이 바로 **TV**, 영화, 드라마, 애니메이션 그리고 진짜 살아 있는 현실의 영어를 배울 수 있는 가장 좋은 시작입니다.

리얼 스피킹 연습
실제 영화 동영상

- ☐ I didn't wanna upset you.
- ☐ (And) I do not break my promises.
- ☐ I do not like your face.
- ☐ (Yeah,) I do, too.
- ☐ I don't believe a word that comes out of your mouth.
- ☐ I don't belong here.
- ☐ I don't blame you.
- ☐ I don't buy it.
- ☐ I don't either.
- ☐ I don't even know what to say.
- ☐ I don't get it.
- ☐ I don't get you at all.
- ☐ I don't have a choice.
- ☐ I don't have a type.
- ☐ I[We] don't have all day.
- ☐ I don't know for sure.
- ☐ I don't know how to thank you.
- ☐ I don't know what came over me.
- ☐ I don't know what to say.
- ☐ I don't know where else to go.

STEP 2 | QR 찍고 **5번** 따라 읽고 **1번** 따라 쓰기(Writing)

읽고 쓰는 능력과 함께 입과 귀도 터주는 대치동 기적의 중학영어 **1800** 통문장입니다. 먼저 **5회** 반복 학교 표준 영상을 틀고 다음 페이지로 넘어가 책을 보면서 **5번**씩 따라 읽기한 후, **1번**씩 따라 쓰세요. 대치동 기적의 중학영어 시리즈 3권에는 **1800**개 대화 세트 총 **3600**개의 통문장이 들어 있습니다.

5회 반복
학교 표준 영상

0441 **I didn't wanna upset you.** 기분 상하게 하고 싶지 않았어.

A: Why didn't you tell me earlier?

Why didn't you tell me earlier?

B: I didn't wanna upset you.

A: 왜 더 일찍 말하지 않았어?
B: 너를 걱정하게 만들고 싶지 않
았어.

0442 **(And) I do not break my promises.** 난 약속을 깨지 않아, 난 약속을 지켜.

A: Are you sure you'll be there on time this time?

B: Absolutely. I do not break my promises.

A: 이번에는 정말 제시간에 올 수
있는 거야?
B: 확실해. 나는 약속을 어기지 않
아.

0443 **I do not like your face.** 너 너무 얄밉다.

A: I just beat your high score again. That's like the fifth time today.

B: I do not like your face right now.

A: 또 네 기록을 깨버렸어. 오늘만
다섯 번째야.
B: 너 얼굴이 지금 정말 너무 얄
밉다.

0444 **(Yeah,) I do, too.** 나도 역시 그래.

A: I believe honesty is really important in a relationship.

B: I do, too. It builds trust.

A: 나는 관계에서 정직함이 정말
중요하다고 생각해.
B: 나도 그래. 정직함은 신뢰를 쌓
아주거든.

0445 I don't believe a word that comes out of your mouth. 네 입에서 나오는 말은 하나도 안 믿어.

A: I don't believe a word that comes out of your mouth.

B: I swear I'm telling the truth!

A: 네가 말하는 거는 하나도 믿을 수 없어.
B: 내가 진짜로 진실을 말하는 거야! 맹세할게.

0446 I don't belong here. 난 여기에 어울리지 않아.

A: I feel so out of place in this group. I don't belong here.

B: Don't say that! You're just as capable as anyone else here. You definitely belong.

A: 이 무리에서 나는 너무 이질감이 느껴져. 여기 맞지 않는 것 같아.
B: 그런 말 하지 마! 너는 여기 있는 누구보다도 능력 있어. 분명히 이곳에 맞아.

0447 I don't blame you. 널 탓하지 않아, 그럴 수도 있어.

A: I just couldn't take it anymore.

B: I don't blame you. I would've done the same.

A: 더 이상 참을 수가 없었어.
B: 너를 이해해. 나라도 똑같이 했을 거야.

0448 I don't buy it. 난 그 말 안 믿어, 난 안 믿어.

A: He said he didn't do it.

B: I don't buy it. He's lying.

A: 그가 자신이 한 게 아니라고 했어.
B: 나는 믿지 않아. 그가 거짓말하고 있어.

"I don't buy it."은 직역하면 "나는 그걸 안 사."이지만, 실제 의미는 전혀 다릅니다. 실제 의미는 "난 그 말 안 믿어.", "말도 안 돼.", "난 그걸 못 믿겠어." 정도의 의미로 이 표현에서 **buy**는 "믿다, 수긍하다"라는 뜻으로 쓰인 관용 표현입니다. 보통 의심스럽거나 거짓 같을 때 또는 누군가 변명을 하거나 거짓말처럼 들리는 말을 할 때 자주 씁니다.

0449 **I don't either.** 나도 싫어.

A: I don't like spicy food.

B: I don't either. I prefer something milder.

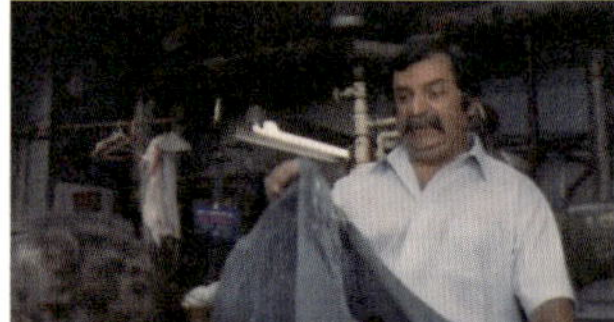

A: 나는 매운 음식을 안 좋아해.
B: 나도 안 좋아해. 나는 더 순한
걸 선호해.

0450 **I don't even know what to say.** 뭐라 말해야 할지 모르겠어.

A: I bought you a car!

B: Wow... I don't even know what to say.

A: 너 주려고 차를 샀어!
B: 와... 뭐라고 말해야 할지 모르
겠어.

0451 **I don't get it.** 이해가 안 돼.

A: Did you understand the lesson?

B: Ugh... I don't get it at all.

A: 수업 이해했어?
B: 윽... 전혀 이해 안 돼.

0452 **I don't get you at all.** 난 널 전혀 이해하지 못하겠어.

A: I just love pineapple on pizza!

B: I don't get you at all.

A: 나는 피자에 파인애플 올린 게
너무 좋아!
B: 난 네가 전혀 이해 안 돼.

0453 **I don't have a choice.** 난 선택권이 없어.

A: **Are you really moving?**

B: **Yeah, I don't have a choice.**

A: 정말 이사 가는 거야?
B: 응, 선택의 여지가 없어.

0454 **I don't have a type.** 난 이상형이 없는데.

A: **What's your type?**

B: **Honestly, I don't have a type.**

A: 네 이상형은 뭐야?
B: 사실, 나는 특별한 이상형은 없어.

0455 **I[We] don't have all day.** 시간이 많이 없어.

A: **I need to think about it.**

B: **I don't have all day. Can you decide now?**

A: 조금 생각할 필요가 있어.
B: 나는 하루 종일 기다릴 수 없어. 지금 결정을 내려줄래?

0456 **I don't know for sure.** 나도 확실히는 몰라.

A: **Will it rain tomorrow?**

B: **I don't know for sure, but it looks like it might.**

A: 내일 비 올까?
B: 확실히는 모르겠지만, 비가 올 것 같아 보여.

0457 **I don't know how to thank you.** 어떻게 감사를 드려야 할지 모르겠어요.

A: **I really appreciate your help. I don't know how to thank you enough.**

B: **Don't mention it! Anytime you need help, I'm here.**

A: 네 도움 정말 고마워. 어떻게 감사해야 할지 모르겠어.
B: 별 말을! 도움이 필요하면 언제든지 도와줄게.

0458 **I don't know what came over me.** 내가 왜 그랬는지 모르겠어, 뭔가에 씌었나 봐.

A: **Why did you yell like that?**

B: **I don't know what came over me. I just lost it for a second.**

A: 왜 그렇게 소리쳤어?
B: 나도 잘 모르겠어. 그냥 순간적으로 참을 수가 없었어.

"I don't know what came over me." 는 영어 원어민이 자신도 이해할 수 없는 행동이나 감정을 보였을 때 자주 쓰는 표현입니다. 우리말 의미는 "내가 왜 그랬는지 모르겠어.", "정신이 어떻게 됐었나 봐.", "무슨 바람이 들었는지 모르겠어." 정도의 의미입니다. 보통 후회, 놀람, 감정 폭발 후에 자기 행동을 해명하거나 사과하면서 쓰며 진심 어린 반성이나 당황스러움을 담는 표현입니다.

0459 **I don't know what to say.** 뭐라고 해야 할지 모르겠어.

A: **I can't believe what just happened.**

B: **I don't know what to say. This is so unexpected.**

A: 방금 일어난 일을 믿을 수 없어.
B: 나도 뭐라고 말해야 할지 모르겠어. 너무 예상 밖이었어.

0460 **I don't know where else to go.** 달리 갈 곳을 모르겠어.

A: **I don't know where else to go. Can you help me?**

B: **Don't worry. I've got your back. Let's figure this out together.**

A: 어디로 가야 할지 모르겠어. 도와줄 수 있어?
B: 걱정하지 마. 내가 도와줄게. 함께 해결해 보자.

MAGIC  대기중, 입이 터지는 더빙(Dubbing)

QR을 찍고 사운드를 무음으로 만들어 소리가 안 들리게 한 상태에서, 영상만 보고 영상에 어울리는 말을 해 보세요! 교재에서 배웠던 대로 하지 않아도 됩니다. 상황에 어울리는 표현을 말하면 됩니다.

STEP 3 | 도전! 영화보고 받아쓰기(Dictation)

오늘 배운 표현을 확인하고 완전히 나의 것으로 만드는 시간입니다. **5회 반복 리얼 스피킹 연습** 실제 영화 동영상을 활용해 **STEP 3-1**과 **3-2**를 완성하세요.

STEP 3-1 빈칸에 정확한 표현을 Dictation 하세요.

☐ **I didn't __________ __________ you.** 기분 상하게 하고 싶지 않았어.

☐ **(And) I do not __________ my __________.** 난 약속을 깨지 않아, 난 약속을 지켜.

☐ **I do not __________ your __________.** 너 너무 얄밉다.

☐ **(Yeah,) I __________, too.** 나도 역시 그래.

☐ **I don't __________ a word that __________ out of your mouth.**
네 입에서 나오는 말은 하나도 안 믿어.

☐ **I don't __________ here.** 난 여기에 어울리지 않아.

☐ **I don't __________ you.** 널 탓하지 않아, 그럴 수도 있어.

☐ **I don't __________ it.** 난 그 말 안 믿어, 난 안 믿어.

☐ **I don't __________.** 나도 싫어.

☐ **I don't even __________ what to say.** 뭐라 말해야 할지 모르겠어.

☐ **I don't __________ it.** 이해가 안 돼.

☐ **I don't __________ you at __________.** 난 널 전혀 이해하지 못하겠어.

☐ **I don't have a __________.** 난 선택권이 없어.

☐ **I don't have a __________.** 난 이상형이 없는데.

☐ **I[We] don't __________ all __________.** 시간이 많이 없어.

☐ **I don't know for __________.** 나도 확실히는 몰라.

☐ **I don't know how to __________ you.** 어떻게 감사를 드려야 할지 모르겠어요.

☐ **I don't know what __________ __________ me.** 내가 왜 그랬는지 모르겠어, 뭔가에 씌었나 봐.

☐ **I don't know what to __________.** 뭐라고 해야 할지 모르겠어.

☐ **I don't know __________ __________ to go.** 달리 갈 곳을 모르겠어.

STEP 3-2 빈칸에 다음 통문장의 의미를 한국어로 쓰세요.

☐ I didn't wanna upset you. ______

☐ (And) I do not break my promises. ______

☐ I do not like your face. ______

☐ (Yeah,) I do, too. ______

☐ I don't believe a word that comes out of your mouth.

______

☐ I don't belong here. ______

☐ I don't blame you. ______

☐ I don't buy it. ______

☐ I don't either. ______

☐ I don't even know what to say. ______

☐ I don't get it. ______

☐ I don't get you at all. ______

☐ I don't have a choice. ______

☐ I don't have a type. ______

☐ I[We] don't have all day. ______

☐ I don't know for sure. ______

☐ I don't know how to thank you. ______

☐ I don't know what came over me. ______

☐ I don't know what to say. ______

☐ I don't know where else to go. ______

살아있는 애니메이션과 영화로 진짜 읽고, 쓰고, 듣고, 말하게 만들어
국제학교 학생들만큼 영어를 잘하게 해주는
대치동 기적의 중학영어 통문장 훈련
세상에 없던, 대한민국 유일의 주니어용 스피킹 & 리스닝 미드 교재

AI 학습자료와 인강 **youpass.co.kr**

STEP 1 | 무조건, **QR** 찍고 미드 듣고 따라 말하기(Speaking)

오늘 배울 표현을 미리 확인하고 나의 약점을 찾아보는 시간입니다. **5회** 반복 리얼 스피킹 연습 실제 영화 동영상을 보면서 먼저 모르는 표현에 체크를 해 보세요. 이것이 바로 **TV**, 영화, 드라마, 애니메이션 그리고 진짜 살아 있는 현실의 영어를 배울 수 있는 가장 좋은 시작입니다.

리얼 스피킹 연습
실제 영화 동영상

- ☐ I don't like it here.
- ☐ I don't like you, either.
- ☐ I don't want[mean] to be insulting.
- ☐ I don't mind at all.
- ☐ I don't play golf.
- ☐ I don't (really) know how to explain it.
- ☐ I don't regret it.
- ☐ I don't see why not.
- ☐ I will tell you everything.
- ☐ I don't think so.
- ☐ I don't understand what's going on.
- ☐ I don't wanna be disturbed.
- ☐ I don't wanna go to school.
- ☐ I don't wanna get involved.
- ☐ I don't wanna get over her.
- ☐ I don't wanna hurt your feelings.
- ☐ I don't want any trouble.
- ☐ I doubt it.
- ☐ I ended up here.
- ☐ I envy you.

STEP 2 | **QR** 찍고 **5번** 따라 읽고 **1번** 따라 쓰기(Writing)

읽고 쓰는 능력과 함께 입과 귀도 터주는 대치동 기적의 중학영어 1800 통문장입니다. 먼저 **5회** 반복 학교 표준 영상을 틀고 다음 페이지로 넘어가 책을 보면서 **5번씩** 따라 읽기한 후, **1번씩** 따라 쓰세요. 대치동 기적의 중학영어 시리즈 3권에는 **1800개** 대화 세트 총 **3600개의** 통문장이 들어 있습니다.

5회 반복
학교 표준 영상

0461 **I don't like it here.** 나 여기 맘에 안 들어.

A: Everyone seems so unfriendly at this new school.

Everyone seems so unfriendly at this new school.

B: Yeah, I don't like it here. It doesn't feel welcoming at all.

A: 이 새 학교는 다들 너무 불친절해 보여.
B: 응, 나도 여기 싫어. 전혀 환영받는 느낌이 없어.

0462 **I don't like you, either.** 나도 너 싫어.

A: I don't like you.

B: Well, I don't like you, either.

A: 나는 너를 좋아하지 않아.
B: 나도 너를 좋아하지 않아.

0463 **I don't want[mean] to be insulting.** 기분 상하게 하려는 건 아니야.

A: I stayed up all night studying, but I still failed the quiz.

B: I don't mean to be insulting, but maybe cramming at the last minute isn't the best strategy.

A: 밤새 공부했는데도 쪽지시험 망했어.
B: 기분 나쁘게 하려는 건 아니지만, 아마 마지막 순간에 벼락치기 하는 건 좋은 전략이 아닐 수도 있어.

0464 **I don't mind at all.** 난 전혀 상관없어, 꺼리지 않아, 어서 해.

A: Do you mind if I borrow your book?

B: I don't mind at all.

A: 네 책 좀 빌릴 수 있을까?
B: 당연 되지. (전혀 상관없어.)

0465 **I don't play golf.** 난 골프 안 쳐.

A: **Do you wanna join us for golf?**

B: **I don't really play golf, but I'd love to tag along and watch!**

A: 우리랑 골프 칠래?
B: 나는 골프를 안 치지만, 함께 가서 구경하는 건 좋아!

"tag along"은 "혼자 가지 않고 누군가를 따라가다" 또는 "누군가 하는 걸 옆에서 함께 하다"는 의미로 자주 쓰입니다. 뉘앙스는 "부담 없이 함께 가다"는 느낌이 많고, 상황에 따라 "귀엽게 따라붙다, 꼽사리 끼다, 같이 가고 싶어 하다"처럼 이해되기도 합니다.

0466 **I don't (really) know how to explain it.** 뭐라고 설명해야 할지 잘 모르겠어.

A: **Can you put it into words?**

B: **I don't really know how to explain it.**

A: 이걸 말로 표현할 수 있어?
B: 잘 모르겠어. 어떻게 설명해야 할지 모르겠어.

0467 **I don't regret it.** 난 그걸 후회하지 않아.

A: **Do you wish you hadn't done it?**

B: **I don't regret it. It was the right choice for me.**

A: 그렇게 하지 않았었다면 좋았을 거라고 생각해?
B: 나는 후회하지 않아. 내게는 옳은 선택이었어.

0468 **I don't see why not.** 안 될 것도 없지, 물론 되지.

A: **Can I bring my friend to the party?**

B: **I don't see why not.**

A: 파티에 내 친구 데리고 가도 돼?
B: 왜 안 되겠어 당연 되지.

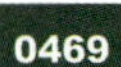

0469 **I will tell you everything.** 내가 모두 말해 줄게.

A: **What happened after you left the party last night?**

B: **I will tell you everything. But first, coffee.**

A: 어젯밤 파티 끝난 후에 나가서 뭐 했어?
B: 다 말해줄게. 하지만 먼저 커피부터.

0470 **I don't think so.** 아닌 것 같은데.

A: **Is that a good idea?**

B: **I don't think so.**

A: 그게 좋은 생각일까?
B: 그건 아닌 것 같아.

0471 **I don't understand what's going on.** 무슨 상황인지 모르겠어.

A: **I don't understand what's going on. Why is everyone acting so weird?**

B: **I think something happened, but no one's talking about it yet.**

A: 지금 무슨 일이 일어나고 있는지 이해가 안 돼. 왜 다들 이상하게 행동하지?
B: 뭔가 일이 일어난 것 같은데, 아직 아무도 말해 주지 않고 있어.

0472 **I don't wanna be disturbed.** 방해하지 마, 방해받고 싶지 않아.

A: **Can I talk to you for a minute?**

B: **Sorry, but I don't wanna be disturbed right now.**

A: 잠깐 얘기 좀 할 수 있을까?
B: 미안하지만, 지금은 방해 받고 싶지 않아.

0473 **I don't wanna go to school.** 학교에 가고 싶지 않아요.

A: Wake up! You're gonna be late!

B: Ugh... I don't wanna go to school.

A: 일어나! 늦겠어!
B: 윽… 학교 가고 싶지 않아.

0474 **I don't wanna get involved.** 나 관련되고 싶지 않아, 난 엮이지 않을래.

A: Who do you think is right?

B: Well, I don't wanna get involved.

A: 누가 맞다고 생각해?
B: 음, 나는 얘기하고 싶지 않아.

0475 **I don't wanna get over her.** 그녀를 마음에서 놓고 싶지 않아.

A: I don't wanna get over her. I wanna get her back.

B: Just be careful. It might not work out the way you want.

A: 나 그녀를 잊고 싶지 않아. 다시 되찾고 싶어.
B: 조심해. 네가 원하는 대로 되지 않을 수도 있어.

여기서 **get over**는 감정과 관련된 중요한 표현입니다. 뜻은 "(사랑했던 사람을) 잊다, 극복하다, 마음에서 놓다" 정도의 의미입니다. "**I don't wanna get over her.**"는 따라서 "난 그녀를 잊고 싶지 않아."의 의미로 즉, 아직 그녀를 사랑하고 있고, 헤어졌지만 잊고 싶지 않다는 감정을 표현하는 말입니다. 참고로 **get over**는 감정 외에도 어려운 상황이나 병을 극복하다는 뜻도 있습니다.

0476 **I don't wanna hurt your feelings.** 네 기분을 상하게 하고 싶지 않아.

A: Be honest with me.

B: Fine... I don't wanna hurt your feelings, but your song was terrible.

A: 나에게 솔직히 말해줘.
B: 알겠어… 네 기분 상하게 하고 싶진 않지만, 네 노래는 진짜 별로였어.

0477 **I don't want any trouble.** 난 어떤 말썽도 원하지 않아.

A: Please, don't make this harder than it needs to be.

B: I don't want any trouble. I just wanna get this over with.

A: 제발, 이걸 더 어렵게 만들지 말아줘.
B: 문제 일으키고 싶은 게 아냐. 난 단지 이걸 끝내고 싶은 거야.

0478 **I doubt it.** 그럴 리가, 믿기지 않아.

A: Do you think it'll rain later?

B: I doubt it. The forecast looks clear.

A: 나중에 비 올 것 같아?
B: 나는 안 올 것 같아. 날씨 예보가 맑다고 했어.

0479 **I ended up here.** 어쩌다보니 여기에 있게 됐네.

A: How did you get here?

B: I ended up here after a long journey.

A: 어떻게 여기까지 왔어?
B: 어쩌다 보니 돌고 돌다 여기까지 왔어.

0480 **I envy you.** 네가 부럽다.

A: I'm going on vacation next week.

B: I envy you.

A: 나 다음 주에 휴가 가.
B: 네가 너무 부러워.

MAGIC ✨ 대기중, 입이 터지는 더빙(Dubbing)

QR을 찍고 사운드를 무음으로 만들어 소리가 안 들리게 한 상태에서, 영상만 보고 영상에 어울리는 말을 해 보세요! 교재에서 배웠던 대로 하지 않아도 됩니다. 상황에 어울리는 표현을 말하면 됩니다.

리얼 스피킹 연습
실제 영화 동영상

STEP 3 | 도전! 영화보고 받아쓰기(Dictation)

오늘 배운 표현을 확인하고 완전히 나의 것으로 만드는 시간입니다. 5회 반복 리얼 스피킹 연습 실제 영화 동영상을 활용해 STEP 3-1과 3-2를 완성하세요.

리얼 스피킹 연습
실제 영화 동영상

STEP 3-1 빈칸에 정확한 표현을 Dictation 하세요.

☐ **I don't ___________ it here.** 나 여기 맘에 안 들어.

☐ **I don't ___________ you, ___________.** 나도 너 싫어.

☐ **I don't want[mean] to be ___________.** 기분 상하게 하려는 건 아니야.

☐ **I don't ___________ at all.** 난 전혀 상관없어, 꺼리지 않아, 어서 해.

☐ **I don't ___________ golf.** 난 골프 안 쳐.

☐ **I don't (really) know how to ___________ it.** 뭐라고 설명해야 할지 잘 모르겠어.

☐ **I don't ___________ it.** 난 그걸 후회하지 않아.

☐ **I don't ___________ why not.** 안 될 것도 없지, 물론 되지.

☐ **I will ___________ you ___________.** 내가 모두 말해 줄게.

☐ **I don't ___________ so.** 아닌 것 같은데.

☐ **I don't ___________ what's going on.** 무슨 상황인지 모르겠어.

☐ **I don't ___________ be ___________.** 방해하지 마, 방해받고 싶지 않아.

☐ **I don't wanna go to ___________.** 학교에 가고 싶지 않아요.

☐ **I don't wanna get ___________.** 나 관련되고 싶지 않아, 난 엮이지 않을래.

☐ **I don't wanna get ___________ her.** 그녀를 마음에서 놓고 싶지 않아.

☐ **I don't wanna ___________ your ___________.** 네 기분을 상하게 하고 싶지 않아.

☐ **I don't want any ___________.** 난 어떤 말썽도 원하지 않아.

☐ **I ___________ it.** 그럴 리가, 믿기지 않아.

☐ **I ___________ up here.** 어쩌다보니 여기에 있게 됐네.

☐ **I ___________ you.** 네가 부럽다.

STEP 3-2 빈칸에 다음 통문장의 의미를 한국어로 쓰세요.

☐ I don't like it here. _______________________

☐ I don't like you, either. _______________________

☐ I don't want[mean] to be insulting. _______________________

☐ I don't mind at all. _______________________

☐ I don't play golf. _______________________

☐ I don't (really) know how to explain it.

____

☐ I don't regret it. _______________________

☐ I don't see why not. _______________________

☐ I will tell you everything. _______________________

☐ I don't think so. _______________________

☐ I don't understand what's going on.

____

☐ I don't wanna be disturbed. _______________________

☐ I don't wanna go to school. _______________________

☐ I don't wanna get involved. _______________________

☐ I don't wanna get over her. _______________________

☐ I don't wanna hurt your feelings. _______________________

☐ I don't want any trouble. _______________________

☐ I doubt it. _______________________

☐ I ended up here. _______________________

☐ I envy you. _______________________

살아있는 애니메이션과 영화로 진짜 읽고, 쓰고, 듣고, 말하게 만들어
국제학교 학생들만큼 영어를 잘하게 해주는
대치동 기적의 중학영어 통문장 훈련
세상에 없던, 대한민국 유일의 주니어용 스피킹 & 리스닝 미드 교재

AI 학습자료와 인강 **youpass.co.kr**

STEP 1 | 무조건, **QR** 찍고 미드 듣고 따라 말하기(Speaking)

리얼 스피킹 연습
실제 영화 동영상

오늘 배울 표현을 미리 확인하고 나의 약점을 찾아보는 시간입니다. **5**회 반복 리얼 스피킹 연습 실제 영화 동영상을 보면서 먼저 모르는 표현에 체크를 해 보세요. 이것이 바로 **TV**, 영화, 드라마, 애니메이션 그리고 진짜 살아 있는 현실의 영어를 배울 수 있는 가장 좋은 시작입니다.

- ☐ I feel lousy.
- ☐ I feel so empty.
- ☐ I feel so much better.
- ☐ I feel the same way.
- ☐ I feel you. I feel you.
- ☐ I fell down the stairs.
- ☐ I fell for it.
- ☐ I fell hard.
- ☐ I gave her plenty of chances.
- ☐ I get that a lot.
- ☐ I Googled it.
- ☐ I got a bruise or something.
- ☐ (Dad,) I got a flat tire.
- ☐ I got a job.
- ☐ I got a lot on my mind.
- ☐ I got goosebumps.
- ☐ (Uh,) I got into a fight.
- ☐ (I think) I got something in my eye.
- ☐ I got this covered.
- ☐ (Don't worry.) I got this!

STEP 2 | QR 찍고 5번 따라 읽고 1번 따라 쓰기(Writing)

5회 반복
학교 표준 영상

읽고 쓰는 능력과 함께 입과 귀도 터주는 대치동 기적의 중학영어 1800 통문장입니다. 먼저 5회 반복 학교 표준 영상을 틀고 다음 페이지로 넘어가 책을 보면서 5번씩 따라 읽기한 후, 1번씩 따라 쓰세요. 대치동 기적의 중학영어 시리즈 3권에는 1800개 대화 세트 총 3600개의 통문장이 들어 있습니다.

0481 **I feel lousy.** 몸이 좋지 않아, 기분이 별로야.

A: How are you feeling? You don't look so well.

How are you feeling? You don't look so well.

B: I feel lousy. I've had a headache all day.

A: 기분 어때? 별로 좋아 보이지 않는데.
B: 기분이 안 좋아. 하루 종일 두통이 있었어.

"I feel lousy."는 일상 영어에서 자주 쓰이는 표현으로, 여기서 **lousy**는 감정이나 상태가 매우 안 좋을 때 쓰는 단어입니다. 비격식적 표현으로 친구 끼리나 일상 대화에서 자주 씁니다. 감정, 건강 상태, 품질 등 여러 상황에 두루 쓰일 수 있으며, 더 강한 표현을 쓰고 싶다면 **terrible, awful** 같은 단어로 바꿀 수도 있습니다.

0482 **I feel so empty.** 공허해, 허전해, 외로워.

A: You don't seem like yourself today. Is something wrong?

B: I just feel so empty... like something's missing.

A: 오늘 너 좀 이상한 것 같아. 무슨 일 있어?
B: 그냥 뭔가 공허해… 뭔가 빠진 느낌이야.

0483 **I feel so much better.** 상태가 많이 나아졌어, 기분이 훨씬 좋아졌어.

A: How are you feeling after your cold?

B: I feel much better, thanks for asking.

A: 감기 낫고 나서 기분 어때?
B: 훨씬 나아졌어, 물어봐줘서 고마워.

0484 **I feel the same way.** 나도 같은 생각이야.

A: I'm really excited about this.

B: I feel the same way.

A: 이거 진짜 기대돼.
B: 나도 그래, 똑같이 기대돼.

0485 **I feel you. I feel you.** 네 심정 이해해.

A: **I'm so tired today.**

B: **I feel you. I barely got any sleep last night either.**

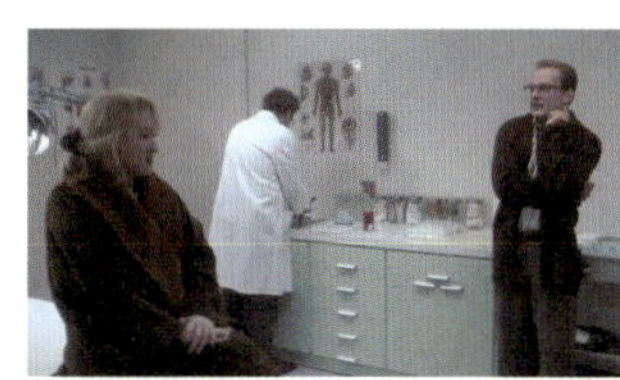

A: 오늘 너무 피곤해.
B: 나도 그래, 나도 어젯밤에 거의 잠을 못 잤어.

barely, rarely, seldom 같은 단어들은 모두 준부정어(quasi-negatives) 또는 준부정부사(near-negative adverbs)라고 불리며, 직접적인 부정은 아니지만 의미상으로 거의 부정에 가까운 표현입니다. 주요 준부정부사(부정에 가까운 부사)로는 barely, hardly, scarcely, rarely, seldom, little, few 등이 있습니다. 준부정부사의 특징은 긍정문처럼 생겼지만 실제로는 거의 부정 의미이며 도치나 강조구문에서 많이 나타나며 부정문과 함께 쓰면 의미 중복에 의해 틀린 영문으로 판단되게 되게 된다는 것입니다.

0486 **I fell down the stairs.** 계단에서 굴렀어.

A: **What happened?**

B: **I fell down the stairs. But I'm okay, just a little shaken up.**

A: 무슨 일 있었어?
B: 계단에서 넘어졌어. 괜찮긴 한데, 좀 놀랐어.

0487 **I fell for it.** 내가 그거에 속았어.

A: **Did you really believe that ridiculous story he told?**

B: **Yeah... I fell for it. I feel so dumb now.**

A: 그 황당한 이야기를 정말 믿었어?
B: 응… 속아 넘어갔어. 지금은 내가 너무 바보 같아.

0488 **I fell hard.** 심하게 넘어졌어.

A: **Did you hurt yourself?**

B: **Yeah, I fell hard on the ice.**

A: 다쳤어?
B: 응, 얼음에서 꽤 세게 넘어졌어.

0489 **I gave her plenty of chances.** 난 그녀에게 충분히 많은 기회를 줬어.

A: Did you try talking to her?

B: I gave her plenty of chances.

A: 그녀랑 얘기해봤어?
B: 충분히 기회를 줬어.

0490 **I get that a lot.** 그런 말 많이 들어.

A: People always tell you that you look like someone famous, don't they?

B: Yeah, I get that a lot. It's kind of funny!

A: 사람들이 항상 네가 유명한 사람 같다고 말하지?
B: 응, 자주 들어. 좀 웃겨!

0491 **I Googled it.** 내가 검색해 봤어.

A: How do you know that?

B: I Googled it. It was the easiest way to find out.

A: 그거 어떻게 알았어?
B: 구글링했어. 그게 제일 빠른 방법이었어.

0492 **I got a bruise or something.** 멍 같은 것이 들었어.

A: What happened to you? You look hurt.

B: I think I got a bruise or something. I tripped while I was running, but it's not too bad.

A: 무슨 일 있었어? 다친 것 같아 보여.
B: 아마 멍이 들었나 봐. 뛰어가다가 넘어졌어. 하지만 크게 다친 건 아니야.

0493 **(Dad,) I got a flat tire.** 타이어가 펑크 났어.

A: Why are you late?

B: I got a flat tire on the way here.

A: 왜 늦었어?
B: 오는 길에 타이어가 펑크 났어.

0494 **I got a job.** 나 취직했어.

A: What's new?

B: I got a job! I'm so excited.

A: 뭐 새로운 거 있어?
B: 나 일자리 구했어! 너무 기뻐.

0495 **I got a lot on my mind.** 머릿속이 너무 복잡해, 생각이 너무 많아.

A: You look distracted.

B: Yeah, I've got a lot on my mind right now.

A: 넌 좀 멍하니 있는 것 같아.
B: 응, 지금 머릿속이 복잡해.

0496 **I got goosebumps.** 소름 돋았어, 닭살 돋았어.

A: Did you hear that song? It was amazing.

B: Yeah, I got goosebumps.

A: 그 노래 들었어? 진짜 대박이
   었어.
B: 응, 나도 소름 돋았어.

0497 **(Uh,) I got into a fight.** 난 싸움에 휘말렸어, 싸웠어.

A: What happened?

B: I got into a fight with my brother, but we're okay now.

A: 무슨 일 있었어?
B: 형이랑 싸웠어. 근데 지금은 괜찮아.

0498 **(I think) I got something in my eye.** 눈에 뭐가 들어갔어.

A: Are you okay?

B: I got something in my eye. I'll be fine.

A: 괜찮아?
B: 눈에 뭐가 들어갔어. 괜찮을 거야.

0499 **I got this covered.** 내가 알아서 할게.

A: Do you need help with the presentation?

B: Nope, I got this covered.

A: 발표 준비 도와줄까?
B: 아니, 내가 다 할 수 있어.

0500 **(Don't worry.) I got this!** 내가 할 수 있어, 내가 처리할 수 있어.

A: Do you want me to carry that for you?

B: Nah, I got this!

A: 내가 그거 들어줄까?
B: 아니, 내가 할 수 있어!

MAGIC  대기중, 입이 터지는 더빙(Dubbing)

QR을 찍고 사운드를 무음으로 만들어 소리가 안 들리게 한 상태에서, 영상만 보고 영상에 어울리는 말을 해 보세요! 교재에서 배웠던 대로 하지 않아도 됩니다. 상황에 어울리는 표현을 말하면 됩니다.

리얼 스피킹 연습
실제 영화 동영상

STEP 3 | 도전! 영화보고 받아쓰기(Dictation)

오늘 배운 표현을 확인하고 완전히 나의 것으로 만드는 시간입니다. **5회 반복 리얼 스피킹 연습 실제 영화 동영상을 활용해 STEP 3-1과 3-2를** 완성하세요.

리얼 스피킹 연습
실제 영화 동영상

STEP 3-1 빈칸에 정확한 표현을 Dictation 하세요.

☐ **I feel ___________.** 몸이 좋지 않아, 기분이 별로야.

☐ **I feel so ___________.** 공허해, 허전해, 외로워.

☐ **I feel so ___________ ___________.** 상태가 많이 나아졌어, 기분이 훨씬 좋아졌어.

☐ **I feel the ___________ ___________.** 나도 같은 생각이야.

☐ **I ___________ you. I ___________ you.** 네 심정 이해해.

☐ **I ___________ down the ___________.** 계단에서 굴렀어.

☐ **I ___________ for it.** 내가 그거에 속았어.

☐ **I ___________ hard.** 심하게 넘어졌어.

☐ **I gave her ___________ of ___________.** 난 그녀에게 충분히 많은 기회를 줬어.

☐ **I get ___________ a ___________.** 그런 말 많이 들어.

☐ **I ___________ it.** 내가 검색해 봤어.

☐ **I got a ___________ or something.** 멍 같은 것이 들었어.

☐ **(Dad,) I got a ___________ tire.** 타이어가 펑크 났어.

☐ **I ___________ a job.** 나 취직했어.

☐ **I ___________ a lot on my ___________.** 머릿속이 너무 복잡해, 생각이 너무 많아.

☐ **I got ___________.** 소름 돋았어, 닭살 돋았어.

☐ **(Uh,) I got into a ___________.** 난 싸움에 휘말렸어, 싸웠어.

☐ **(I think) I got ___________ in my ___________.** 눈에 뭐가 들어갔어.

☐ **I got this ___________.** 내가 알아서 할게.

☐ **(Don't worry.) I ___________ this!** 내가 할 수 있어, 내가 처리할 수 있어.

STEP 3-2 빈칸에 다음 통문장의 의미를 한국어로 쓰세요.

☐ I feel lousy. _______________________

☐ I feel so empty. _______________________

☐ I feel so much better. _______________________

☐ I feel the same way. _______________________

☐ I feel you. I feel you. _______________________

☐ I fell down the stairs. _______________________

☐ I fell for it. _______________________

☐ I fell hard. _______________________

☐ I gave her plenty of chances. _______________________

☐ I get that a lot. _______________________

☐ I Googled it. _______________________

☐ I got a bruise or something. _______________________

☐ (Dad,) I got a flat tire. _______________________

☐ I got a job. _______________________

☐ I got a lot on my mind. _______________________

☐ I got goosebumps. _______________________

☐ (Uh,) I got into a fight. _______________________

☐ (I think) I got something in my eye. _______________________

☐ I got this covered. _______________________

☐ (Don't worry.) I got this! _______________________

살아있는 애니메이션과 영화로 진짜 읽고, 쓰고, 듣고, 말하게 만들어
국제학교 학생들만큼 영어를 잘하게 해주는

대치동 기적의 중학영어 통문장 훈련

세상에 없던, 대한민국 유일의 주니어용 스피킹 & 리스닝 미드 교재

DAY 26 30 days

AI 학습자료와 인강 **youpass.co.kr**

STEP 1 | 무조건, **QR** 찍고 미드 듣고 따라 말하기(Speaking)

리얼 스피킹 연습
실제 영화 동영상

오늘 배울 표현을 미리 확인하고 나의 약점을 찾아보는 시간입니다. **5**회 반복 리얼 스피킹 연습 실제 영화 동영상을 보면서 먼저 모르는 표현에 체크를 해 보세요. 이것이 바로 **TV**, 영화, 드라마, 애니메이션 그리고 진짜 살아 있는 현실의 영어를 배울 수 있는 가장 좋은 시작입니다.

- ☐ **(I think) I got[was] stung by a bee.**
- ☐ **I gotta get back to work.**
- ☐ **I gotta run some errands.**
- ☐ **I had a doctor's appointment.**
- ☐ **I had a good reason.**
- ☐ **I had some help.**
- ☐ **I hate to admit this[it].**
- ☐ **I have a headache.**
- ☐ **(Um...) I have a lot on my mind.**
- ☐ **I have a reputation to uphold.**
- ☐ **I don't have much of a sweet tooth.**
- ☐ **I have an appointment.**
- ☐ **I have faith in you.**
- ☐ **I have no clue.**
- ☐ **I have no idea.**
- ☐ **I have nothing to wear.**
- ☐ **I have to do something.**
- ☐ **I have to get out of here.**
- ☐ **I have to study.**
- ☐ **I have to tell you something.**

STEP 2 | **QR** 찍고 **5**번 따라 읽고 **1**번 따라 쓰기(Writing)

5회 반복
학교 표준 영상

읽고 쓰는 능력과 함께 입과 귀도 터주는 대치동 기적의 중학영어 1800 통문장입니다. 먼저 **5**회 반복 학교 표준 영상을 틀고 다음 페이지로 넘어가 책을 보면서 **5**번씩 따라 읽기한 후, **1**번씩 따라 쓰세요. 대치동 기적의 중학영어 시리즈 3권에는 **1800**개 대화 세트 총 **3600**개의 통문장이 들어 있습니다.

0501 **(I think) I got[was] stung by a bee.** 나 벌에 쏘였어.

A: **What happened to your arm?**

What happened to your arm?

B: **I got stung by a bee.**

A: 팔에 뭔 일 있었어?
B: 벌에 쏘였어.

0502 **I gotta get back to work.** 나 다시 일하러 가야 해.

A: **Wanna hang out for a bit?**

B: **I gotta get back to work, but maybe later.**

A: 잠깐 놀지 않을래?
B: 다시 일해야 해서, 나중에나 가
능할 거 같아.

0503 **I gotta run some errands.** 난 볼 일을 좀 봐야 해. 심부름을 좀 해야 해.

A: **You can't hang out today? Oh, what's up?**

B: **I gotta run some errands. I'll catch up with you later!**

A: 오늘은 못 놀아? 뭐가 있어?
B: 심부름을 좀 할 게 있어. 나중
에 연락할게!

"gotta"는 정말 자주 쓰이는 축약 표현입니다. **gotta**는 **have got to**의 줄임말로 **have got to = have to = got to = gotta** 축약 구조입니다. 의미는 우리말로 강한 필요성이나 의무를 나타내는 "~해야 해, ~해야만 해"의 의미를 가집니다.

0504 **I had a doctor's appointment.** 병원 예약이 있었어, 병원 다녀왔어.

A: **Where were you this morning?**

B: **I had a doctor's appointment.**

A: 오늘 아침에 어디 있었어?
B: 병원 예약이 있었어.

0505 **I had a good reason.** 충분한 이유가 있어서 그랬어.

A: Why didn't you tell me?

B: I had a good reason for not saying anything.

A: 왜 말 안 했어?
B: 말 안 한 데에는 이유가 있어.

0506 **I had some help.** 도움을 좀 받았어.

A: Wow, you did an amazing job on this project!

B: Thanks! I had some help along the way. I couldn't have done it without my team.

A: 와, 이 프로젝트 정말 잘했네!
B: 고마워! 중간 중간 도움이 있었어. 내 팀이 없었다면 못했을 거야.

0507 **I hate to admit this[it].** 인정하기 싫어.

A: You were wrong, weren't you?

B: I hate to admit it, but you were right.

A: 네가 틀린 거지?
B: 인정하기 싫지만, 네 말이 맞았어.

0508 **I have a headache.** 나 두통이 있어.

A: Are you okay?

B: I have a headache. I might need to rest.

A: 괜찮아?
B: 머리가 아파. 좀 쉬어야 할 거 같아.

0509 **(Um...) I have a lot on my mind.** 머리가 너무 복잡해.

A: Are you okay? You seem distracted.

B: I have a lot on my mind, just trying to sort it out.

A: 괜찮아? 좀 집중이 안 되는 것
같아 보여.
B: 머릿속에 할 일이 많아서 정리
하려고 하고 있어.

0510 **I have a reputation to uphold.** 나도 지켜야 할 체면이 있어.

A: You're always so careful.

B: I have a reputation to uphold.

A: 넌 항상 신중하네.
B: 난 지켜야 할 이미지가 있으니
까.

0511 **I don't have much of a sweet tooth.** 전 단 걸 별로 좋아하지 않아요.

A: Do you wanna try this chocolate cake? It's amazing!

B: Nah, I don't have much of a sweet tooth. I'd rather have some chips.

A: 이 초콜릿 케이크 먹어볼래?
진짜 맛있어!
B: 아니, 나는 단 거 별로 안 좋아
해. 그냥 칩을 먹고 싶어.

"I don't have much of a sweet tooth."는 일상 대화에서 자주 쓰이는 표현으로, 음식 취향을 말할 때 사용합니다. **"have a sweet tooth"**는 "단 걸 좋아하는 이빨을 가지다." 표현입니다.

0512 **I have an appointment.** 예약이 되어 있어요.

A: Can I help you?

B: Yeah, I have an appointment with Emily Charlton.

A: 도와드릴까요?
B: 네, 에밀리 찰튼씨와 만날 약속
이 되어 있습니다.

0513 **I have faith in you.** 난 너를 믿어.

A: I'm really nervous about the test.

B: Don't worry. I have faith in you. You've got this!

A: 시험 너무 긴장돼.
B: 걱정 마. 나는 너를 믿어. 넌 잘 할 수 있어!

0514 **I have no clue.** 전혀 모르겠어, 하나도 모르겠어.

A: Do you know how this works?

B: I have no clue. I'm just as lost as you.

A: 이거 어떻게 하는 거야?
B: 나도 전혀 몰라. 나도 너랑 똑같이 당황스러워.

0515 **I have no idea.** 전혀 모르겠어, 하나도 모르겠어.

A: Do you know where the keys are?

B: I have no idea.

A: 열쇠 어디 있는지 알아?
B: 전혀 몰라.

0516 **I have nothing to wear.** 입을 게 없네.

A: What are you gonna wear tonight?

B: I have nothing to wear. Everything feels out of place.

A: 오늘 밤에 뭐 입을 거야?
B: 입을 게 없어. 모든 게 어울리지 않는 느낌이야.

0517 **I have to do something.** 나 할 일이 좀 있어.

A: I gotta go to the library. I have to do something.

B: Oh, yeah? What do you have to do?

A: 나 도서관에 가봐야 해. 할 일
이 좀 있어.
B: 그래? 무슨 일 있는데?

0518 **I have to get out of here.** 여길 벗어나야 해.

A: I have to get out of here.

B: We have to pay first.

A: 나 여기서 나가야 해.
B: 먼저 계산해야 해.

0519 **I have to study.** 나 공부해야 해.

A: Are you coming out tonight?

B: I have to study. Maybe next time.

A: 오늘 밤에 나올 거야?
B: 공부해야 해서, 다음에 가자.

0520 **I have to tell you something.** 너에게 꼭 말해야 할 게 있어.

A: You got a minute? I have to tell you something important.

B: You're kinda scaring me... What's going on?

A: 잠깐 시간 좀 있어? 중요한 얘
기 좀 하자.
B: 왜 이렇게 무섭게… 무슨 일인
데?

MAGIC 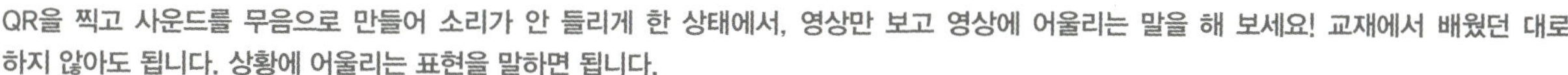 대기중, 입이 터지는 더빙(Dubbing)

QR을 찍고 사운드를 무음으로 만들어 소리가 안 들리게 한 상태에서, 영상만 보고 영상에 어울리는 말을 해 보세요! 교재에서 배웠던 대로 하지 않아도 됩니다. 상황에 어울리는 표현을 말하면 됩니다.

STEP 3 | 도전! 영화보고 받아쓰기(Dictation)

오늘 배운 표현을 확인하고 완전히 나의 것으로 만드는 시간입니다. 5회 반복 리얼 스피킹 연습 실제 영화 동영상을 활용해 STEP 3-1과 3-2를 완성하세요.

STEP 3-1 빈칸에 정확한 표현을 Dictation 하세요.

☐ **(I think) I got[was] ___________ by a ___________.** 나 벌에 쏘였어.

☐ **I gotta get ___________ to ___________.** 나 다시 일하러 가야 해.

☐ **I gotta run some ___________.** 난 볼 일을 좀 봐야 해. 심부름을 좀 해야 해.

☐ **I had a doctor's ___________.** 병원 예약이 있었어, 병원 다녀왔어.

☐ **I had a good ___________.** 충분한 이유가 있어서 그랬어.

☐ **I had some ___________.** 도움을 좀 받았어.

☐ **I ___________ to ___________ this[it].** 인정하기 싫어.

☐ **I have a ___________.** 나 두통이 있어.

☐ **(Um...) I have a lot on my ___________.** 머리가 너무 복잡해.

☐ **I have a ___________ to ___________.** 나도 지켜야 할 체면이 있어.

☐ **I don't have ___________ of a ___________ tooth.** 전 단 걸 별로 좋아하지 않아요.

☐ **I have an ___________.** 예약이 되어 있어요.

☐ **I have ___________ in you.** 난 너를 믿어.

☐ **I have no ___________.** 전혀 모르겠어, 하나도 모르겠어.

☐ **I have no ___________.** 전혀 모르겠어, 하나도 모르겠어.

☐ **I have nothing to ___________.** 입을 게 없네.

☐ **I have to do ___________.** 나 할 일이 좀 있어.

☐ **I have to get out of ___________.** 여길 벗어나야 해.

☐ **I have to ___________.** 나 공부해야 해.

☐ **I have to ___________ you something.** 너에게 꼭 말해야 할 게 있어.

STEP 3-2 빈칸에 다음 통문장의 의미를 한국어로 쓰세요.

☐ (I think) I got[was] stung by a bee.

☐ I gotta get back to work.

☐ I gotta run some errands.

☐ I had a doctor's appointment.

☐ I had a good reason.

☐ I had some help.

☐ I hate to admit this[it].

☐ I have a headache.

☐ (Um...) I have a lot on my mind.

☐ I have a reputation to uphold.

☐ I don't have much of a sweet tooth.

☐ I have an appointment.

☐ I have faith in you.

☐ I have no clue.

☐ I have no idea.

☐ I have nothing to wear.

☐ I have to do something.

☐ I have to get out of here.

☐ I have to study.

☐ I have to tell you something.

살아있는 애니메이션과 영화로 진짜 읽고, 쓰고, 듣고, 말하게 만들어
국제학교 학생들만큼 영어를 잘하게 해주는
대치동 기적의 중학영어 통문장 훈련
세상에 없던, 대한민국 유일의 주니어용 스피킹 & 리스닝 미드 교재

DAY 27 30 days

AI 학습자료와 인강 *youpass.co.kr*

STEP 1 | 무조건, QR 찍고 미드 듣고 따라 말하기(Speaking)

리얼 스피킹 연습
실제 영화 동영상

오늘 배울 표현을 미리 확인하고 나의 약점을 찾아보는 시간입니다. 5회 반복 리얼 스피킹 연습 실제 영화 동영상을 보면서 먼저 모르는 표현에 체크를 해 보세요. 이것이 바로 **TV**, 영화, 드라마, 애니메이션 그리고 진짜 살아 있는 현실의 영어를 배울 수 있는 가장 좋은 시작입니다.

- [ ] I haven't decided yet.
- [ ] I haven't eaten all day.
- [ ] I haven't even started it.
- [ ] (Well,) I haven't finished it yet.
- [ ] I haven't seen her.
- [ ] I haven't told anyone[anybody].
- [ ] (Poorly,) I've hit a wall.
- [ ] I hit rock bottom.
- [ ] I hope it doesn't rain.
- [ ] (That's, um...) I hope you feel better soon.
- [ ] I hope you understand.
- [ ] I invited him.
- [ ] I just don't feel like it.
- [ ] I just had a thought.
- [ ] (And) I just had my nails done.
- [ ] I just made it up.
- [ ] I just needed some fresh air.
- [ ] I never wanna grow up.
- [ ] I just wanna make sure you're okay.
- [ ] (So,) I just wanted to go over the plan.

STEP 2 | QR 찍고 5번 따라 읽고 1번 따라 쓰기(Writing)

5회 반복
학교 표준 영상

읽고 쓰는 능력과 함께 입과 귀도 터주는 대치동 기적의 중학영어 1800 통문장입니다. 먼저 5회 반복 학교 표준 영상을 틀고 다음 페이지로 넘어가 책을 보면서 **5번씩 따라 읽기**한 후, **1번씩 따라 쓰세요**. 대치동 기적의 중학영어 시리즈 3권에는 **1800개 대화 세트 총 3600개**의 통문장이 들어 있습니다.

0521 **I haven't decided yet.** 아직 결정 못했어.

A: What are you gonna do this weekend?

What are you gonna do this weekend?

B: I haven't decided yet. I'm still thinking.

A: 이번 주말에 뭐 할 거야?
B: 아직 결정 안 했어. 아직 생각 중이야.

0522 **I haven't eaten all day.** 하루 종일 굶었어.

A: You should eat something.

B: Yeah, I haven't eaten all day. I'm starving!

A: 뭔가 먹어야겠다.
B: 응, 나 오늘 하루 종일 안 먹었어. 너무 배고파!

0523 **I haven't even started it.** 나는 그거 시작도 못했어.

A: Are you almost done?

B: I haven't even started it.

"Are you almost done?"과 **"Are you done?"**은 비슷하지만, 느낌과 뉘앙스에 차이가 있습니다. **Are you done?** 은 "다 했어?", "끝났어?"의 뜻으로 상대가 완전히 끝냈는지 확인할 때 쓰는 말로 지금 당장 결과를 알고 싶을 때 사용합니다. **Are you almost done?**은 "거의 다 했어?", "거의 끝났어?"의 뜻으로 아직 끝나지 않았을 것을 전제로, 진행 상황을 확인할 때 쓰며 말투가 더 부드럽고 기다리는 느낌이 나기 때문에 성급하거나 조급하게 들리지 않습니다.

0524 **(Well,) I haven't finished it yet.** 아직 다 못했어.

A: Is the report ready?

B: I haven't finished it yet.

A: 보고서 준비 됐어?
B: 아직 끝내지 못했어.

0525 **I haven't seen her.** 난 그녀를 본 적이 없어.

A: **Have you seen Jane?**

B: **I haven't seen her yet.**

A: 제인 봤어?
B: 아직 못 봤어.

0526 **I haven't told anyone[anybody].** 아무[누구]에게도 말 안 했어.

A: **Did you share the news?**

B: **I haven't told anyone.**

A: 소식 전했어?
B: 아직 아무에게도 말하지 않았어.

0527 **(Poorly,) I've hit a wall.** 한계에 부딪혔어.

A: **How's the writing going?**

B: **Not great, honestly. I've hit a wall and now I'm just staring at a blank page.**

A: 글 쓰는 거 어때?
B: 솔직히 말해서, 별로야. 벽에 부딪힌 기분이야. 지금은 그냥 빈 페이지만 보고 있어.

0528 **I hit rock bottom.** 완전 바닥이야, 인생 최악이야.

A: **How was last year for you?**

B: **Honestly, I hit rock bottom. It was one of the toughest years of my life.**

A: 작년은 어땠어?
B: 솔직히 말하면, 바닥을 쳤어. 내 인생에서 가장 힘든 한 해였어.

0529 **I hope it doesn't rain.** 비가 안 왔으면 좋겠어.

A: **The forecast says it might rain this afternoon.**

B: **I hope it doesn't rain. I have an outdoor event later, and I really don't want it to be canceled.**

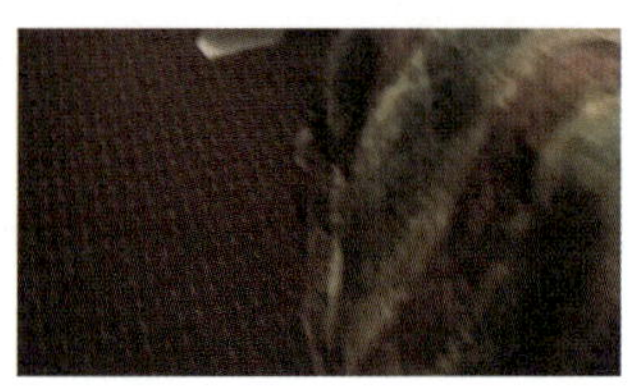

A: 오늘 오후에 비 올 거라고 예보됐어.
B: 비 안 오길 바래. 나중에 야외 행사가 있는데 취소되면 안 되잖아.

0530 **(That's, um...) I hope you feel better soon.** 빨리 회복되길 바라.

A: **I'm not feeling well.**

B: **I hope you feel better soon. Take it easy and get some rest.**

A: 기분이 안 좋아.
B: 빨리 나아지길 바랄게. 쉬고 몸조리 해.

0531 **I hope you understand.** 이해해 주길 바래.

A: **I just need some space. I hope you understand.**

B: **I understand. Take all the time you need.**

A: 그냥 좀 혼자 있고 싶어. 이해해 줬으면 좋겠어.
B: 이해해. 필요한 만큼 시간 가져.

0532 **I invited him.** 내가 그를 초대했어.

A: **Why is Jake here?**

B: **I invited him.**

A: 왜 제이크가 여기 있어?
B: 내가 초대했어.

0533 **I just don't feel like it.** 그냥 그럴 기분이 아냐.

A: Are you coming to the party?

B: I just don't feel like it tonight. Maybe next time.

A: 파티 올 거야?
B: 오늘은 좀 그렇다. 다음번에 갈게.

0534 **I just had a thought.** 방금 생각이 났어.

A: I just had a thought. What if we try a different approach?

B: That's an interesting idea! What did you have in mind?

A: 방금 좋은 생각이 떠올랐어. 다른 접근법을 시도해 보는 건 어때?
B: 그거 흥미로운 아이디어네! 머릿속에 있는 네 생각은 뭐야?

0535 **(And) I just had my nails done.** 나 네일 했어.

A: Your nails look great!

B: I just had my nails done.

A: 네 손톱 예쁘다!
B: 손톱 새로 했어.

0536 **I just made it up.** 내가 그냥 지어낸 거야.

A: Where did you hear that?

B: I just made it up! I didn't mean to lie.

A: 그거 어디서 들었어?
B: 그냥 내가 만든 말이야! 거짓말 하려던 건 아니었어.

0537 **I just needed some fresh air.** 그냥 바람 좀 쐬고 싶었어.

A: Hey, where'd you go? I was looking for you.

B: Sorry, I just needed some fresh air.

A: 어디 갔었어? 찾았었잖아.
B: 미안, 그냥 신선한 공기가 필요했어.

0538 **I never wanna grow up.** 난 어른이 되고 싶지 않아.

A: You still watch cartoons on Saturday mornings?

B: Of course! I never wanna grow up.

A: 아직도 토요일 아침마다 만화 봐?
B: 물론이지! 나는 절대 어른이 되고 싶지 않아.

"on Saturday morning"과 "on Saturday mornings"는 비슷해 보이지만 의미와 쓰임에서 중요한 차이가 있습니다. on Saturday morning은 특정한 토요일 아침을 말하며 on Saturday mornings는 반복적으로, 매주 토요일 아침마다를 말합니다. 즉, 단수 morning은 특정한 날을 의미하며 복수 mornings는 습관, 반복의 의미를 강조합니다. 이런 표현은 "evening(s)", "night(s)", "afternoon(s)" 등에도 똑같이 적용됩니다.

0539 **I just wanna make sure you're okay.** 네가 괜찮은지 확실히 하고 싶어.

A: You keep checking on me.

B: I just wanna make sure you're okay.

A: 계속 나를 확인하는 거 같아.
B: 그냥 네가 괜찮은지 확인하고 싶어서.

0540 **(So,) I just wanted to go over the plan.** 그냥 계획 한번 같이 점검해보려고 했어.

A: So, I just wanted to go over the plan.

B: Good idea. Let's make sure we're ready.

A: 그래서, 계획을 다시 한 번 확인해보자.
B: 좋은 생각이야. 우리가 준비됐는지 다시 확인해 보자.

MAGIC 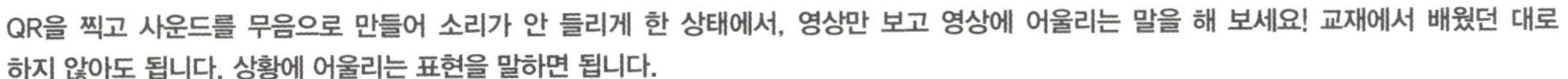 대기중, 입이 터지는 더빙(Dubbing)

QR을 찍고 사운드를 무음으로 만들어 소리가 안 들리게 한 상태에서, 영상만 보고 영상에 어울리는 말을 해 보세요! 교재에서 배웠던 대로 하지 않아도 됩니다. 상황에 어울리는 표현을 말하면 됩니다.

리얼 스피킹 연습
실제 영화 동영상

STEP 3 | 도전! 영화보고 받아쓰기(Dictation)

오늘 배운 표현을 확인하고 완전히 나의 것으로 만드는 시간입니다. **5회 반복 리얼 스피킹 연습 실제 영화 동영상**을 활용해 **STEP 3-1**과 **3-2**를 완성하세요.

리얼 스피킹 연습
실제 영화 동영상

STEP 3-1 빈칸에 정확한 표현을 Dictation 하세요.

☐ **I haven't __________ yet.** 아직 결정 못했어.

☐ **I haven't __________ all day.** 하루 종일 굶었어.

☐ **I haven't even __________ it.** 나는 그거 시작도 못했어.

☐ **(Well,) I haven't __________ it yet.** 아직 다 못했어.

☐ **I haven't __________ her.** 난 그녀를 본 적이 없어.

☐ **I haven't __________ anyone[anybody].** 아무[누구]에게도 말 안 했어.

☐ **(Poorly,) I've __________ a __________.** 한계에 부딪혔어.

☐ **I hit __________ __________.** 완전 바닥이야, 인생 최악이야.

☐ **I hope it doesn't __________.** 비가 안 왔으면 좋겠어.

☐ **(That's, um...) I __________ you feel __________ soon.** 빨리 회복되길 바라.

☐ **I hope you __________.** 이해해 주길 바래.

☐ **I __________ him.** 내가 그를 초대했어.

☐ **I just don't __________ like it.** 그냥 그럴 기분이 아냐.

☐ **I just had a __________.** 방금 생각이 났어.

☐ **(And) I just had my __________ done.** 나 네일 했어.

☐ **I just __________ it up.** 내가 그냥 지어낸 거야.

☐ **I just __________ some __________ air.** 그냥 바람 좀 쐬고 싶었어.

☐ **I never wanna __________ up.** 난 어른이 되고 싶지 않아.

☐ **I just wanna make __________ you're okay.** 네가 괜찮은지 확실히 하고 싶어.

☐ **(So,) I just __________ to go over the plan.** 그냥 계획 한번 같이 점검해보려고 했어.

STEP 3-2 빈칸에 다음 통문장의 의미를 한국어로 쓰세요.

☐ I haven't decided yet.

☐ I haven't eaten all day.

☐ I haven't even started it.

☐ (Well,) I haven't finished it yet.

☐ I haven't seen her.

☐ I haven't told anyone[anybody].

☐ (Poorly,) I've hit a wall.

☐ I hit rock bottom.

☐ I hope it doesn't rain.

☐ (That's, um…) I hope you feel better soon.

☐ I hope you understand.

☐ I invited him.

☐ I just don't feel like it.

☐ I just had a thought.

☐ (And) I just had my nails done.

☐ I just made it up.

☐ I just needed some fresh air.

☐ I never wanna grow up.

☐ I just wanna make sure you're okay.

☐ (So,) I just wanted to go over the plan.

살아있는 애니메이션과 영화로 진짜 읽고, 쓰고, 듣고, 말하게 만들어
국제학교 학생들만큼 영어를 잘하게 해주는

대치동 기적의 중학영어 통문장 훈련

세상에 없던, 대한민국 유일의 주니어용 스피킹 & 리스닝 미드 교재

AI 학습자료와 인강 **youpass.co.kr**

STEP 1 | 무조건, **QR** 찍고 미드 듣고 따라 말하기(Speaking)

오늘 배울 표현을 미리 확인하고 나의 약점을 찾아보는 시간입니다. **5**회 반복 리얼 스피킹 연습 실제 영화 동영상을 보면서 먼저 모르는 표현에 체크를 해 보세요. 이것이 바로 **TV**, 영화, 드라마, 애니메이션 그리고 진짜 살아 있는 현실의 영어를 배울 수 있는 가장 좋은 시작입니다.

리얼 스피킹 연습
실제 영화 동영상

- ☐ I kid you not.
- ☐ I knew this would happen.
- ☐ I know how to get there.
- ☐ I know it by heart.
- ☐ I know the drill.
- ☐ I know where this is going.
- ☐ I like being alone.
- ☐ I like where your head's at.
- ☐ I like your haircut.
- ☐ I live right next door.
- ☐ I locked myself out.
- ☐ I look forward to working with you.
- ☐ I looked it up online.
- ☐ I lost my appetite.
- ☐ I lost my temper.
- ☐ I lost my voice.
- ☐ I lost track of time.
- ☐ I love you just the way you are.
- ☐ I love you no matter what.
- ☐ I love your shirt.

STEP 2 | **QR** 찍고 **5**번 따라 읽고 **1**번 따라 쓰기(Writing)

읽고 쓰는 능력과 함께 입과 귀도 터주는 대치동 기적의 중학영어 **1800** 통문장입니다. 먼저 **5**회 반복 학교 표준 영상을 틀고 다음 페이지로 넘어가 책을 보면서 **5**번씩 따라 읽기한 후, **1**번씩 따라 쓰세요. 대치동 기적의 중학영어 시리즈 3권에는 **1800**개 대화 세트 총 **3600**개의 통문장이 들어 있습니다.

5회 반복
학교 표준 영상

0541 **I kid you not.** 나 농담 아니야.

A: That can't be true. Are you sure about that?

That can't be true. Are you sure about that?

B: I kid you not. I heard it from a reliable source, and it's 100% true.

A: 그건 말이 안 되잖아. 정말 그게 맞아?
B: 장난 안 치고 말하는 거야. 신뢰할 수 있는 출처에서 들었고, 100% 진짜야.

0542 **I knew this would happen.** 이럴 줄 알았어.

A: We're out of gas.

B: Ugh, I knew this would happen.

A: 우리 기름이 다 떨어졌어.
B: 아, 이럴 줄 알았어.

0543 **I know how to get there.** 어떻게 가는지 알고 있어, 내가 가는 길을 알아.

A: Do you need directions?

B: Nah, I'm good. I know how to get there. Thanks, though!

A: 길 안내가 필요해?
B: 아니, 괜찮아. 어떻게 가는지 알아. 그래도 고마워!

0544 **I know it by heart.** 나 그거 완전 달달 잘 외워.

A: Do you remember the code?

B: Of course, I know it by heart.

A: 그 코드 기억 나?
B: 물론이지, 그거는 완전히 외우고 있어.

0545 **I know the drill.** 난 어떻게 하는지 알고 있어, 난 어떻게 하는지 배웠어.

A: **So, you've done this before?**

B: **Yep, I know the drill by now.**

A: 그럼, 이거 전에 해본 적 있어?
B: 응, 이제 그게 어떻게 돌아가는
지 잘 알아.

0546 **I know where this is going.** 뭔 말 할지 알 것 같아.

A: **I think we should talk about what happened last weekend.**

B: **I know where this is going. You're still upset, aren't you?**

A: 지난 주말에 있었던 일에 대해
이야기해보자.
B: 뭔 말 할지 알 것 같아. 아직
화난 거지, 그렇지?

0547 **I like being alone.** 나 혼자 있고 싶어.

A: **Why don't you go out more often?**

B: **I like being alone.**

A: 종종 더 자주 나가 노는 게 어
때?
B: 나는 혼자 있는 게 좋아.

0548 **I like where your head's at.** 그 생각 마음에 드는데요.

A: **What if we try marketing it a different way?**

B: **I like where your head is at.**

A: 마케팅 방법을 다르게 시도해
보는 건 어때?
B: 네 생각이 마음에 들어.

"I like where your head is at."는 일상 회화에서 쓰이는 비격식 표현으로, 상대의 생각, 관점, 태도에 공감하거나 칭찬할 때 쓰는 말입니다. 우리말 해석은 "네 생각이 마음에 들어.", "그렇게 생각하다니 좋네!", "너 지금 좋은 아이디어 가지고 있네." 정도의 의미입니다. 여기서 **head**는 생각, 관점, 정신 상태를 상징합니다.

0549 **I like your haircut.** 머리 예쁘게 잘랐네, 머리 자른 거 예쁘다.

A: I like your haircut. It suits you well.

B: Really? You think it looks good on me?

A: 네 헤어스타일 마음에 들어. 잘 어울려.
B: 정말? 나한테 잘 어울린다고 생각해?

0550 **I live right next door.** 전 바로 옆집에 살아요.

A: Where do you live?

B: I live right next door.

A: 어디 살아?
B: 바로 옆집에 살아.

0551 **I locked myself out.** 열쇠 없는데 문이 잠겨 버렸어.

A: What happened?

B: I locked myself out again.

A: 무슨 일이야?
B: 열쇠가 안에 있는데 문이 잠겨 버렸어. (열쇠가 없어.)

0552 **I look forward to working with you.** 앞으로 잘 부탁드립니다.

A: Welcome to the team.

B: Thank you! I'm really excited to be here and I look forward to working with all of you. I'm sure we'll accomplish great things together.

A: 팀에 오신 걸 환영해요.
B: 고마워요! 여기 오게 되어 정말 기쁘고, 모두와 함께 일하게 되어 기대돼요. 우리는 함께 큰 성과를 이룰 수 있을 거예요.

0553 **I looked it up online.** 인터넷에 찾아봤지.

A: Where did you find that information?

B: I looked it up online. Here's what I found.

A: 그 정보 어디서 찾았어?
B: 인터넷에서 찾아봤어. 내가 찾은 건 이거야.

0554 **I lost my appetite.** 나 입맛이 없어.

A: Aren't you hungry?

B: I lost my appetite after everything that happened.

A: 배 안 고파?
B: 모든 일이 끝난 뒤로 입맛이 없었졌어.

0555 **I lost my temper.** 내가 이성을 잃었어.

A: You seemed upset earlier.

B: I lost my temper. I'm sorry about it.

A: 아까 좀 화난 거 같았어.
B: 내가 화를 내버렸어. 미안해.

0556 **I lost my voice.** 내 목이 쉬었어.

A: Are you okay?

B: I lost my voice. I've been talking too much.

A: 괜찮아?
B: 목이 쉬었어. 너무 많이 떠들었나봐.

0557 **I lost track of time.** 시간 가는 줄 몰랐어.

A: Why are you late?

B: I lost track of time. Sorry about that.

A: 왜 늦었어?
B: 시간 가는 줄 몰랐어. 미안해.

0558 **I love you just the way you are.** 있는 그대로 널 사랑해.

A: I'm not perfect.

B: I love you just the way you are. Don't change a thing.

A: 난 완벽하지 않아.
B: 나는 있는 그대로의 너를 사랑해. 아무것도 바꾸지 마.

0559 **I love you no matter what.** 난 무슨 일이 있어도 널 사랑해.

A: I made a huge mistake, and I don't know how to fix it.

B: I love you no matter what. We'll work through this together.

A: 큰 실수를 했고, 어떻게 고쳐야 할지 모르겠어.
B: 나는 너를 무슨 일이 있어도 사랑해. 우리는 이 문제 함께 해결할 거야.

"no matter what"은 영어에서 정말 자주 쓰이는 표현으로, "무엇이 일어나든 상관없이", "어떤 상황에서도", "무슨 일이 있어도", "어떤 경우라도", "무조건적으로", "상황에 상관없이" 등으로 이해됩니다.

0560 **I love your shirt.** 셔츠 멋지다.

A: I love your shirt. Where did you get it?

B: Oh, I actually found it online. It was a great deal!

A: 네 셔츠 멋지다. 어디서 샀어?
B: 사실 온라인에서 찾았어. 정말 좋은 가격에 샀어!

MAGIC  대기중, 입이 터지는 더빙(Dubbing)

QR을 찍고 사운드를 무음으로 만들어 소리가 안 들리게 한 상태에서, 영상만 보고 영상에 어울리는 말을 해 보세요! 교재에서 배웠던 대로 하지 않아도 됩니다. 상황에 어울리는 표현을 말하면 됩니다.

STEP 3 | 도전! 영화보고 받아쓰기(Dictation)

오늘 배운 표현을 확인하고 완전히 나의 것으로 만드는 시간입니다. 5회 반복 리얼 스피킹 연습 실제 영화 동영상을 활용해 **STEP 3-1**과 **3-2**를 완성하세요.

STEP 3-1 빈칸에 정확한 표현을 Dictation 하세요.

☐ **I ___________ you not.** 나 농담 아니야.

☐ **I __________ this would happen.** 이럴 줄 알았어.

☐ **I know how to __________ there.** 어떻게 가는지 알고 있어, 내가 가는 길을 알아.

☐ **I know it by ___________.** 나 그거 완전 달달 잘 외워.

☐ **I know the ___________.** 난 어떻게 하는지 알고 있어, 난 어떻게 하는지 배웠어.

☐ **I know __________ this is going.** 뭔 말 할지 알 것 같아.

☐ **I like __________ alone.** 나 혼자 있고 싶어.

☐ **I like __________ your ___________ at.** 그 생각 마음에 드는데요.

☐ **I like your ___________.** 머리 예쁘게 잘랐네, 머리 자른 거 예쁘다.

☐ **I live right __________ door.** 전 바로 옆집에 살아요.

☐ **I __________ myself out.** 열쇠 없는데 문이 잠겨 버렸어.

☐ **I look __________ to working with you.** 앞으로 잘 부탁드립니다.

☐ **I __________ it up online.** 인터넷에 찾아봤지.

☐ **I lost my ___________.** 나 입맛이 없어.

☐ **I lost my ___________.** 내가 이성을 잃었어.

☐ **I lost my ___________.** 내 목이 쉬었어.

☐ **I lost __________ of time.** 시간 가는 줄 몰랐어.

☐ **I love you just the __________ you are.** 있는 그대로 널 사랑해.

☐ **I love you no __________ what.** 난 무슨 일이 있어도 널 사랑해.

☐ **I love your ___________.** 셔츠 멋지다.

STEP 3-2 빈칸에 다음 통문장의 의미를 한국어로 쓰세요.

☐ I kid you not. ______________________

☐ I knew this would happen. ______________________

☐ I know how to get there. ______________________

☐ I know it by heart. ______________________

☐ I know the drill. ______________________

☐ I know where this is going. ______________________

☐ I like being alone. ______________________

☐ I like where your head's at. ______________________

☐ I like your haircut. ______________________

☐ I live right next door. ______________________

☐ I locked myself out. ______________________

☐ I look forward to working with you. ______________________

____

☐ I looked it up online. ______________________

☐ I lost my appetite. ______________________

☐ I lost my temper. ______________________

☐ I lost my voice. ______________________

☐ I lost track of time. ______________________

☐ I love you just the way you are. ______________________

☐ I love you no matter what. ______________________

☐ I love your shirt. ______________________

살아있는 애니메이션과 영화로 진짜 읽고, 쓰고, 듣고, 말하게 만들어
국제학교 학생들만큼 영어를 잘하게 해주는
대치동 기적의 중학영어 통문장 훈련
세상에 없던, 대한민국 유일의 주니어용 스피킹 & 리스닝 미드 교재

AI 학습자료와 인강 **youpass.co.kr**

STEP 1 | 무조건, **QR** 찍고 미드 듣고 따라 말하기(Speaking)

리얼 스피킹 연습
실제 영화 동영상

오늘 배울 표현을 미리 확인하고 나의 약점을 찾아보는 시간입니다. 5회 반복 리얼 스피킹 연습 실제 영화 동영상을 보면서 먼저 모르는 표현에 체크를 해 보세요. 이것이 바로 **TV**, 영화, 드라마, 애니메이션 그리고 진짜 살아 있는 현실의 영어를 배울 수 있는 가장 좋은 시작입니다.

- ☐ **I made a commitment to myself.**
- ☐ **(I think) I made it worse.**
- ☐ **I mean it. I mean it.**
- ☐ **I messed up.**
- ☐ **I moved around a lot.**
- ☐ **I must've dozed off.**
- ☐ **I need you to do something for me.**
- ☐ **I need your help.**
- ☐ **I never get tired of that.**
- ☐ **I never meant to hurt anyone.**
- ☐ **I never stood a chance.**
- ☐ **I never thought I'd say this.**
- ☐ **I owe you an apology.**
- ☐ **I owe you big time.**
- ☐ **I owe you one.**
- ☐ **I paid for it.**
- ☐ **(I) Paid it off.**
- ☐ **(Well, I think) I passed with flying colors.**
- ☐ **I'm picking up some vibes there.**
- ☐ **(So) I popped the question.**

STEP 2 | **QR** 찍고 5번 따라 읽고 1번 따라 쓰기(Writing)

5회 반복
학교 표준 영상

읽고 쓰는 능력과 함께 입과 귀도 터주는 대치동 기적의 중학영어 1800 통문장입니다. 먼저 **5회 반복** 학교 표준 영상을 틀고 다음 페이지로 넘어가 책을 보면서 **5번씩 따라 읽기**한 후, **1번씩 따라 쓰세요.** 대치동 기적의 중학영어 시리즈 3권에는 **1800개** 대화 세트 총 **3600개**의 통문장이 들어 있습니다.

0561 **I made a commitment to myself.** 난 결심했어, 난 약속했어.

A: Are you still going to the gym every morning?

Are you still going to the gym every morning?

B: Yeah, I made a commitment to myself, and I'm sticking to it.

A: 아직도 매일 아침 운동하러 가?
B: 응, 나는 나 자신에게 약속을 했고, 그걸 지키고 있어.

0562 **(I think) I made it worse.** 내가 상황을 더 나쁘게 만들었어.

A: What happened?

B: I think I made it worse. Now they're even angrier.

A: 무슨 일이 있었어?
B: 내가 상황을 더 악화시킨 거 같아. 이제 그들이 더 화났어.

0563 **I mean it. I mean it.** 진심이야 진심.

A: You're really important to me. I mean it. You're one of the best things in my life.

B: Wow, that means a lot to me. You're really important to me, too.

A: 넌 정말 나에게 중요해. 진심으로. 너는 내 인생에서 가장 좋은 것 중 하나야.
B: 와, 그 말 정말 고마워. 너도 나에게 정말 중요해.

0564 **I messed up.** 내가 다 망쳤어.

A: What happened? You look upset.

B: I messed up big time. I should've been more careful.

A: 무슨 일이야? 좀 화난 거 같아.
B: 내가 큰 실수를 했어. 더 신경 썼어야 했는데.

0565 **I moved around a lot.** 난 이사 많이 다녔어.

A: Did you grow up here, or are you from somewhere else?

B: I moved around a lot, so I don't really have just one hometown.

A: 여기서 자랐어, 아니면 다른 데서 왔어?
B: 많이 이사를 다녀서, 딱 한 곳이 고향이라고 할 순 없어.

0566 **I must've dozed off.** 깜박 졸았네요.

A: You weren't listening!

B: Oops, sorry, I must've dozed off for a second.

A: 너 아까 안 듣고 있었잖아!
B: 이런, 미안, 잠깐 잠들었나 봐.

영어에서 **must've** 같은 축약형(축약구)은 회화에서 정말 자주 등장하고, 알아두면 듣기나 말하기 실력이 확 늘어납니다. 비슷하게 쓰이는 축약형은 **could've, should've, would've, might've** 등이 있습니다.

0567 **I need you to do something for me.** 날 위해 네가 뭘 좀 해 줘야겠어.

A: I need you to do something for me. It's important.

B: Sure, what is it?

A: 나한테 뭔가 해줘야 해. 중요해.
B: 물론이지, 뭐가 필요해?

0568 **I need your help.** 네 도움이 필요해.

A: I need your help.

B: Of course. What do you need?

A: 네 도움이 필요해.
B: 당연하지. 뭐가 필요해?

0569 **I never get tired of that.** 절대 질리지가 않아.

A: That movie is still so funny!

B: I never get tired of that one, either!

A: 그 영화 여전히 너무 재밌어!
B: 나도 그거 절대 질리지 않아!

0570 **I never meant to hurt anyone.** 난 누구에게도 상처 주려던 게 아니었어.

A: I never meant to hurt anyone. I swear to God.

B: Then why did you do it?

A: 나는 절대 누구도 다치게 할 의도가 아니었어. 정말이야.
B: 그럼 왜 그렇게 했어?

0571 **I never stood a chance.** 나한텐 기회가 전혀 없었어.

A: Did you win the game?

B: Nope, I never stood a chance.

A: 게임 이겼어?
B: 아니, 전혀 기회가 없었어.

0572 **I never thought I'd say this.** 이렇게 말하게 될 줄은 몰랐어.

A: You're actually enjoying the hiking trip?

B: I never thought I'd say this, but yeah... it's kinda fun.

A: 너 정말 하이킹 여행을 즐기고 있어?
B: 내가 이런 말을 할 줄은 몰랐는데, 그래... 꽤 재밌어.

0573 **I owe you an apology.** 너한테 사과할 게 있어.

A: I owe you an apology. I shouldn't have spoken like that.

B: Don't worry about it. We all make mistakes.

A: 사과할게. 그렇게 말하는 게 아니었는데.
B: 괜찮아. 우린 모두 실수를 해.

"should have spoken"과 "shouldn't have spoken"의 의미는 완전히 반대입니다. should have + 과거분사는 과거에 하지 않은 일에 대한 후회를 나타내며 shouldn't have + 과거분사는 과거에 했던 일에 대한 후회를 나타냅니다. should have spoken은 "말을 했어야 했는데 (하지만 안 했다)"의 의미이며 shouldn't have spoken은 "말을 하지 말았어야 했는데 (하지만 했다)"의 의미입니다.

0574 **I owe you big time.** 내가 큰 신세를 졌어.

A: I covered your shift today.

B: Thank you! I owe you big time.

A: 오늘 내가 너를 위해 대신 근무를 했어.
B: 고마워! 정말 큰 도움 됐어.

0575 **I owe you one.** 내가 신세를 졌네, 당신에게 빚을 졌어.

A: Thanks for helping me out! I owe you one. I really appreciate it.

B: Don't mention it! I'm just happy I could be of help.

A: 도와줘서 고마워! 너한테 은혜를 갚아야겠어. 진심으로 감사해.
B: 아무것도 아니야! 내가 도와줄 수 있어서 기뻐.

0576 **I paid for it.** 대가를 치렀어, 내가 돈 다 냈어.

A: Who paid?

B: I did. I paid for it.

A: 누가 지불했어?
B: 내가 했어. 내가 결제했어.

0577 **(I) Paid it off.** 할부 다 끝낸 건데, 난 빚을 다 갚았어, 난 대출을 갚았어.

A: Do you still owe money on your car?

B: Nope, I paid it off already. I always try to stay on top of my payments.

A: 아직 차 값 다 안 갚았어?
B: 아니, 이미 다 갚았어. 나는 항상 제때 내는 걸 중요하게 생각해.

0578 **(Well, I think) I passed with flying colors.** 난 뛰어난 성적으로 합격했어.

A: How did your exam go?

B: I passed with flying colors.

A: 시험 잘 봤어?
B: 아주 잘 봤어.

0579 **I'm picking up some vibes there.** 뭔가 심상치 않은데, 썸 타는 기류가 느껴지는데.

A: They were sitting really close and whispering the whole time.

B: Oh, yeah? I'm picking up some vibes there.

A: 걔들이 계속 아주 가까이 앉아서는 속닥거리고 있었어.
B: 오 그렇지? 뭔가 느낌이 오네.

0580 **(So) I popped the question.** 내가 청혼했어, 내가 프러포즈했어.

A: What happened? You look so nervous.

B: Well, I popped the question. I asked her to marry me.

A: 무슨 일이야? 너무 긴장한 거 같아.
B: 사실, 내가 프러포즈했어. 그녀에게 결혼해 달라고 했어.

MAGIC 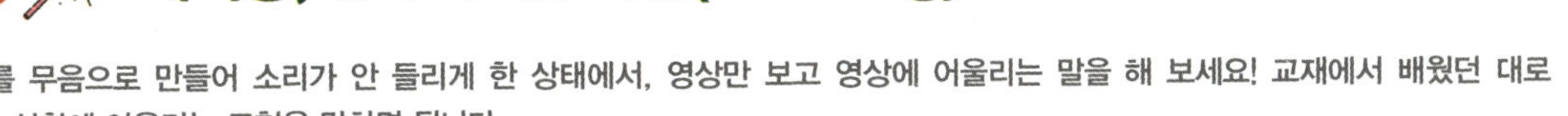 대기중, 입이 터지는 더빙(Dubbing)

QR을 찍고 사운드를 무음으로 만들어 소리가 안 들리게 한 상태에서, 영상만 보고 영상에 어울리는 말을 해 보세요! 교재에서 배웠던 대로 하지 않아도 됩니다. 상황에 어울리는 표현을 말하면 됩니다.

리얼 스피킹 연습
실제 영화 동영상

STEP 3 | 도전! 영화보고 받아쓰기(Dictation)

오늘 배운 표현을 확인하고 완전히 나의 것으로 만드는 시간입니다. **5회 반복 리얼 스피킹 연습 실제 영화 동영상**을 활용해 **STEP 3-1**과 **3-2**를 완성하세요.

리얼 스피킹 연습
실제 영화 동영상

STEP 3-1 빈칸에 정확한 표현을 Dictation 하세요.

☐ **I made a ___________ to myself.** 난 결심했어, 난 약속했어.

☐ **(I think) I made it ___________.** 내가 상황을 더 나쁘게 만들었어.

☐ **I ___________ it. I ___________ it.** 진심이야 진심.

☐ **I ___________ up.** 내가 다 망쳤어.

☐ **I ___________ around a lot.** 난 이사 많이 다녔어.

☐ **I must've ___________ off.** 깜박 졸았네요.

☐ **I ___________ you to do something for me.** 날 위해 네가 뭘 좀 해 줘야겠어.

☐ **I need your ___________.** 네 도움이 필요해.

☐ **I never get ___________ of that.** 절대 질리지가 않아.

☐ **I never ___________ to ___________ anyone.** 난 누구에게도 상처 주려던 게 아니었어.

☐ **I never ___________ a ___________.** 나한텐 기회가 전혀 없었어.

☐ **I never ___________ I'd say this.** 이렇게 말하게 될 줄은 몰랐어.

☐ **I ___________ you an ___________.** 너한테 사과할 게 있어.

☐ **I ___________ you big time.** 내가 큰 신세를 졌어.

☐ **I ___________ you one.** 내가 신세를 졌네, 당신에게 빚을 졌어.

☐ **I ___________ for it.** 대가를 치렀어, 내가 돈 다 냈어.

☐ **(I) ___________ it off.** 할부 다 끝낸 건데, 난 빚을 다 갚았어, 난 대출을 갚았어.

☐ **(Well, I think) I ___________ with ___________ colors.** 난 뛰어난 성적으로 합격했어.

☐ **I'm ___________ up some ___________ there.** 뭔가 심상치 않은데, 썸 타는 기류가 느껴지는데.

☐ **(So) I ___________ the ___________.** 내가 청혼했어, 내가 프러포즈했어.

STEP 3-2 빈칸에 다음 통문장의 의미를 한국어로 쓰세요.

☐ I made a commitment to myself. _______________

☐ (I think) I made it worse. _______________

☐ I mean it. I mean it. _______________

☐ I messed up. _______________

☐ I moved around a lot. _______________

☐ I must've dozed off. _______________

☐ I need you to do something for me. _______________

____

☐ I need your help. _______________

☐ I never get tired of that. _______________

☐ I never meant to hurt anyone. _______________

☐ I never stood a chance. _______________

☐ I never thought I'd say this. _______________

☐ I owe you an apology. _______________

☐ I owe you big time. _______________

☐ I owe you one. _______________

☐ I paid for it. _______________

☐ (I) Paid it off. _______________

☐ (Well, I think) I passed with flying colors. _______________

____

☐ I'm picking up some vibes there. _______________

☐ (So) I popped the question. _______________

살아있는 애니메이션과 영화로 진짜 읽고, 쓰고, 듣고, 말하게 만들어
국제학교 학생들만큼 영어를 잘하게 해주는

대치동 기적의 중학영어 통문장 훈련
세상에 없던, 대한민국 유일의 주니어용 스피킹 & 리스닝 미드 교재

AI 학습자료와 인강 **youpass.co.kr**

STEP 1 | 무조건, **QR** 찍고 미드 듣고 따라 말하기(Speaking)

리얼 스피킹 연습
실제 영화 동영상

오늘 배울 표현을 미리 확인하고 나의 약점을 찾아보는 시간입니다. **5**회 반복 리얼 스피킹 연습 실제 영화 동영상을 보면서 먼저 모르는 표현에 체크를 해 보세요. 이것이 바로 **TV**, 영화, 드라마, 애니메이션 그리고 진짜 살아 있는 현실의 영어를 배울 수 있는 가장 좋은 시작입니다.

- ☐ **I promise to love you forever and ever.**
- ☐ **I pulled some strings.**
- ☐ **I ran into her.**
- ☐ **I (really) wanna marry you.**
- ☐ **I received some very exciting information today.**
- ☐ **I regret nothing.**
- ☐ **I rented us a car.**
- ☐ **I saw that coming.**
- ☐ **I screwed up.**
- ☐ **I should've never come here.**
- ☐ **I should just go.**
- ☐ **(I'm sorry.) I should never have let this happen before talking to you.**
- ☐ **I should've been there.**
- ☐ **I should've known.**
- ☐ **I should've told you.**
- ☐ **I shouldn't have done that.**
- ☐ **(Oh, no,) I slept in.**
- ☐ **I slept through my alarm.**
- ☐ **I smell something burning.**
- ☐ **I sprained my ankle.**

STEP 2 | **QR** 찍고 **5**번 따라 읽고 **1**번 따라 쓰기(Writing)

5회 반복
학교 표준 영상

읽고 쓰는 능력과 함께 입과 귀도 터주는 대치동 기적의 중학영어 1800 통문장입니다. 먼저 5회 반복 학교 표준 영상을 틀고 다음 페이지로 넘어가 책을 보면서 5번씩 따라 읽기한 후, 1번씩 따라 쓰세요. 대치동 기적의 중학영어 시리즈 3권에는 1800개 대화 세트 총 3600개의 통문장이 들어 있습니다.

0581 **I promise to love you forever and ever.** 영원히 사랑할 것을 약속 드려요.

A: I promise to love you forever and ever.

I promise to love you forever and ever.

B: I'll hold you to that promise.

A: 나는 너를 영원히 사랑할 거야.
B: 너 그 약속 꼭 지켜. (그 약속 꼭 지켜지게 할 거야.)

"I'll hold you to that promise."는 영어 회화에서 자주 쓰이는 표현으로, 누군가 한 약속이나 말에 책임을 지우겠다는 뜻입니다. 우리말 해석은 "그 약속 꼭 지켜야 해.", "그 말 책임지게 할 거야.", "너 그 약속 지키게 할 거야."의 의미로 즉, 상대가 한 약속을 기억하고 있다가 반드시 지키게 만들겠다는 의지를 표현할 때 씁니다.

0582 **I pulled some strings.** 빽 좀 썼어, 연줄을 이용했어.

A: How did you get the tickets?

B: I pulled some strings.

A: 어떻게 그 티켓을 구했어?
B: 내가 좀 연줄을 썼어.

0583 **I ran into her.** 우연히 그녀를 마주쳤어.

A: Hey, have you seen Emily lately?

B: Yeah, I ran into her today at the café. She's doing great!

A: 야. 최근에 에밀리 봤어?
B: 응. 오늘 카페에서 그녀를 만났어. 잘 지내고 있더라!

0584 **I (really) wanna marry you.** 너랑 결혼하고 싶어.

A: I really wanna marry you, but only if things go back to the way they were.

B: I'm not sure that's possible, but I'll try.

A: 나 정말 너랑 결혼하고 싶은데. 다만 예전처럼 돌아갈 수만 있다면.
B: 그게 가능한지 잘 모르겠지만, 노력할게.

0585 **I received some very exciting information today.** 오늘 굉장히 흥미로운 소식을 들었어.

A: I received some very exciting information today.

B: Tell me everything!

A: 오늘 정말 신나는 정보를 받았어.
B: 모든 걸 말해줘!

0586 **I regret nothing.** 난 아무것도 후회 안 해.

A: Do you wish you had done things differently?

B: I regret nothing. I did what felt right at the time.

A: 네가 뭔가 다르게 했었다면 좋았을 것 같아?
B: 후회는 없어. 난 그때 내가 옳다고 느낀 걸 했을 뿐이야.

"Do you wish you had done ~?" 는 후회나 과거에 대한 아쉬움을 묻는 표현입니다. **"Do you wish you had done (something)?"** 은 "~했었더라면 좋았다고 생각하니(~했었더라면 좋았을 텐데라고 생각하면서 후회하니)?"의 의미로 과거에 하지 않았던 일에 대한 아쉬움 또는 후회를 나타냅니다. 추가적인 예문을 더 제시하자면 **"Do you wish you had studied harder in school?"** (학교 다닐 때 더 열심히 공부했었으면 좋았다고 생각해?) **"Do you wish you had taken the job offer?"** (그 일자리 제안을 받아들였었다면 좋았을 거라고 생각해?) **"Do you wish you had told her the truth?"** (그녀에게 진실을 말했었더라면 좋았다고 생각해?)가 있습니다.

0587 **I rented us a car.** 차를 한 대 빌렸어.

A: How are you getting around while you're here?

B: I rented us a car, so we're good for now.

A: 여기 있는 동안 어떻게 이동할 거야?
B: 우리 차를 렌트했어. 그래서 지금은 괜찮아.

0588 **I saw that coming.** 그럴 줄 알았어, 다 예상했던 대로야.

A: She didn't like it.

B: I saw that coming. I had a feeling it wouldn't be her thing.

A: 그녀는 그걸 안 좋아했어.
B: 그럴 줄 알았어. 처음부터 그녀에게 맞지 않을 거라고 느꼈거든.

0589 **I screwed up.** 내가 다 망쳤어.

A: What happened?

B: I screwed up, and I need to fix it.

A: 무슨 일이야?
B: 내가 다 망쳤어. 고쳐놔야 해.

0590 **I should've never come here.** 여기 오지 말았어야 했어.

A: You don't look happy.

B: I should've never come here.

A: 너 행복해 보이지 않아 보여.
B: 난 여기 오지 말았어야 했어.

0591 **I should just go.** 난 그냥 가는 게 좋겠어.

A: You don't have to leave.

B: Maybe I should just go. I don't wanna be a bother.

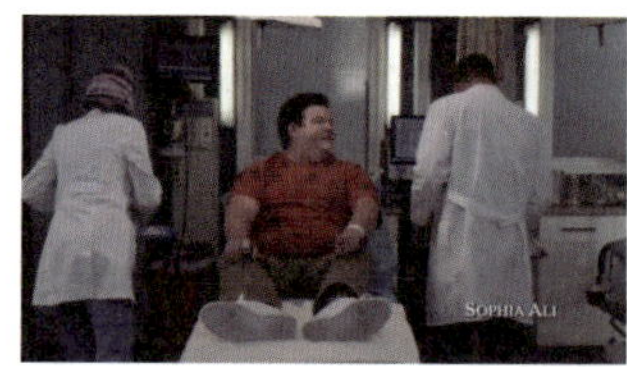

A: 갈 필요는 없는데.
B: 어쩌면 그냥 가는 게 나을지도 몰라. 방해되고 싶지 않아.

0592 **(I'm sorry.) I should never have let this happen before talking to you.**
너랑 얘기하기 전에 이 일이 일어나게 두지 말았어야 했는데.

A: Why didn't you tell me first?

B: I'm sorry. I should never have let this happen before talking to you.

A: 왜 나한테 먼저 말하지 않았어?
B: 너와 얘기하기 전에 이렇게 된 걸 후회해.

0593 **I should've been there.** 내가 거기에 있었어야 했는데.

A: **We needed you!**

B: **I should've been there, but I couldn't make it.**

A: 우리가 너를 필요로 했어!
B: 내가 거기 있었어야 했는데, 갈 수 없었어.

0594 **I should've known.** 내가 알았어야 했었는데.

A: **You didn't expect that to happen?**

B: **I should've known better. I got too excited and didn't think it through.**

A: 그 일이 일어날 줄 몰랐어?
B: 내가 더 잘 알았어야 했는데. 너무 흥분해서 생각을 제대로 안 했어.

0595 **I should've told you.** 너한테 말했어야 했는데.

A: **Why didn't you say anything earlier?**

B: **I should've told you, but I didn't know how to bring it up.**

A: 왜 좀 더 일찍 말하지 않았어?
B: 말했어야 했는데, 어떻게 말할지 몰랐어.

0596 **I shouldn't have done that.** 하지 말았어야 했는데, 그러지 말았어야 했어.

A: **That was a big mistake.**

B: **Yeah, I know... I shouldn't have done that.**

A: 그건 정말 큰 실수였어.
B: 응, 나도 알아... 그걸 하지 말았어야 했는데.

0597 **(Oh, no,) I slept in.** 늦잠 잤어, 늦게 일어났어.

A: You're late!

B: I know, I'm really sorry. I accidentally slept in and didn't hear my alarm.

A: 늦었잖아!
B: 알아. 정말 미안해. 그만 늦잠 자서 알람을 못 들었어.

0598 **I slept through my alarm.** 알람도 못 듣고 자버렸어.

A: Why are you late?

B: I slept through my alarm.

A: 왜 늦었어?
B: 알람을 못 듣고 잤어.

0599 **I smell something burning.** 뭐 타는 냄새가 나는데.

A: Do you think something's wrong?

B: I smell something burning. Should we check it out?

A: 뭔가 잘못된 것 같아?
B: 뭔가 타는 냄새가 나. 한번 확인해 볼까?

0600 **I sprained my ankle.** 나 발목 삐었어.

A: How did you hurt yourself?

B: I think I sprained my ankle. It's swollen.

A: 어떻게 하다가 다쳤어?
B: 발목을 삔 것 같아. 부었어.

MAGIC  대기중, 입이 터지는 더빙(Dubbing)

QR을 찍고 사운드를 무음으로 만들어 소리가 안 들리게 한 상태에서, 영상만 보고 영상에 어울리는 말을 해 보세요! 교재에서 배웠던 대로 하지 않아도 됩니다. 상황에 어울리는 표현을 말하면 됩니다.

STEP 3 | 도전! 영화보고 받아쓰기(Dictation)

오늘 배운 표현을 확인하고 완전히 나의 것으로 만드는 시간입니다. **5회 반복 리얼 스피킹 연습 실제 영화 동영상을 활용해 STEP 3-1과 3-2를** 완성하세요.

STEP 3-1 빈칸에 정확한 표현을 Dictation 하세요.

☐ **I ___________ to love you ___________ and ever.** 영원히 사랑할 것을 약속 드려요.

☐ **I ___________ some ___________.** 빽 좀 썼어, 연줄을 이용했어.

☐ **I ___________ into her.** 우연히 그녀를 마주쳤어.

☐ **I (really) wanna ___________ you.** 너랑 결혼하고 싶어.

☐ **I ___________ some very exciting ___________ today.** 오늘 굉장히 흥미로운 소식을 들었어.

☐ **I ___________ nothing.** 난 아무것도 후회 안 해.

☐ **I ___________ us a car.** 차를 한 대 빌렸어.

☐ **I ___________ that coming.** 그럴 줄 알았어, 다 예상했던 대로야.

☐ **I ___________ up.** 내가 다 망쳤어.

☐ **I should've never ___________ here.** 여기 오지 말았어야 했어.

☐ **I should ___________ go.** 난 그냥 가는 게 좋겠어.

☐ **(I'm sorry.) I should never have let this ___________ before talking to you.** 너랑 얘기하기 전에 이 일이 일어나게 두지 말았어야 했는데.

☐ **I should've ___________ there.** 내가 거기에 있었어야 했는데.

☐ **I should've ___________.** 내가 알았어야 했었는데.

☐ **I should've ___________ you.** 너한테 말했어야 했는데.

☐ **I shouldn't have ___________ that.** 하지 말았어야 했는데, 그러지 말았어야 했어.

☐ **(Oh, no,) I ___________ in.** 늦잠 잤어, 늦게 일어났어.

☐ **I ___________ ___________ my alarm.** 알람도 못 듣고 자버렸어.

☐ **I ___________ something ___________.** 뭐 타는 냄새가 나는데.

☐ **I ___________ my ankle.** 나 발목 삐었어.

STEP 3-2 빈칸에 다음 통문장의 의미를 한국어로 쓰세요.

☐ I promise to love you forever and ever.

____

☐ I pulled some strings.

☐ I ran into her.

☐ I (really) wanna marry you.

☐ I received some very exciting information today.

____

☐ I regret nothing.

☐ I rented us a car.

☐ I saw that coming.

☐ I screwed up.

☐ I should've never come here.

☐ I should just go.

☐ (I'm sorry.) I should never have let this happen before talking to you.

____

☐ I should've been there.

☐ I should've known.

☐ I should've told you.

☐ I shouldn't have done that.

☐ (Oh, no,) I slept in.

☐ I slept through my alarm.

☐ I smell something burning.

☐ I sprained my ankle.